T0208872

# DE DIOS, TODO

## TODO

REV. RICARDO MONTANO

WESTBOW
PRESS®
A DIVISION OF THOMAS NELSON
& ZONDERVAN

Puede hacer pedidos de libros de WestBow Press en librerías o poniéndose en contacto con:

WestBow Press
A Division of Thomas Nelson & Zondervan
1663 Liberty Drive
Bloomington, IN 47403
www.westbowpress.com
844-714-3454

ISBN: 978-1-6642-7079-4 (tapa blanda)
ISBN: 978-1-6642-7080-0 (tapa dura)
ISBN: 978-1-6642-7078-7 (libro electrónico)

Library of Congress Control Number: 2022912094

Información sobre impresión disponible en la última página.

Fecha de revisión de WestBow Press: 7/14/2022

# CONTENTS

# PREFACIO

En los últimos meses del año 2019, coordiné con mi amiga, la pastora Bienvenida Fernández, quien reside en Ciudad de Panamá, para realizar una campaña de predicación en su iglesia en el mes de enero de 2020 e intentar abrir un campo misionero en esa zona. Realizamos la campaña entre los días 24 y 26 de enero. La actividad fue un éxito y la enseñanza llegó a los creyentes, así que decidimos que regresaría en dos o tres meses, según se presentaran las circunstancias, para continuar el trabajo. Pero las cosas se presentaron malísimamente mal, comenzó la pandemia del Covid-19 en el mes de marzo y todos los proyectos activos hubo que ponerlos en espera.

En medio de aquella situación desconcertante, ya bien entrado el año, sin ninguna posibilidad de desarrollo ministerial debido a la orden de cerrar todos los lugares públicos, incluidas las iglesias, torné mi rostro hacia Dios y clamé: ¿qué hago ahora? ¿Cómo continúo sirviéndote Señor? Y recibí de Dios, en mi intuición espiritual, una inspiración que básicamente me dijo: escribe un libro con la mentalidad teológica que YO he creado en ti. A partir de ese momento me di a la tarea de buscar, revisar y organizar los apuntes de mis sermones, estudios y clases realizados durante mi ministerio de predicación y enseñanza de la Palabra de Dios.

El trabajo de escribir el libro comenzó en diciembre de 2020, con todos los altibajos, interrupciones, cambios y reemplazos propios del oficio, hasta que en diciembre de 2021 terminé la faena encomendada por Dios.

Rev. Ricardo Montano

# DE DIOS, TODO

Creer en Dios significa mucho más que pensar que Él existe, es convertirlo en razón de ser y experiencia de valoración espiritual sobre todas las cosas. Dios es esencia y presencia. La Biblia declara explícitamente en muchos versículos su existencia real:

"Oye, Israel: Jehová nuestro Dios, Jehová uno es" (Deuteronomio 6:4).

"Si se humillare mi pueblo, sobre el cual mi nombre es invocado, y oraren, y buscaren mi rostro, y se convirtieren de sus malos caminos; entonces yo oiré de los cielos, y perdonaré sus pecados, y sanaré su tierra" (Crónicas 7:14).

"Porque las cosas invisibles de él, su eterno poder y deidad, se hacen claramente visibles desde la creación del mundo, siendo entendidas por medio de las cosas hechas, de modo que no tienen excusa" (Romanos 1:20).

"En el principio creó Dios los cielos y la tierra" (Génesis 1:1). Esta es la principal de todas las declaraciones. Porque el que sea capaz de creer que Dios hizo surgir de la nada todo lo que existe por la orden de su voz, también es capaz de creer todo lo demás que dice la Biblia que Dios hizo, hace y hará.

Para entender cualquier historia es necesario conocerla desde el principio. La Biblia no es ajena a este razonamiento lógico, por tanto, debemos comprender exhaustivamente los eventos acontecidos en los tres primeros capítulos bíblicos para asimilar correctamente el resto de la historia de la relación entre Dios y los hombres.

La narración de la creación contiene sutilezas que no podemos pasar por alto porque revelan conocimiento sobre la manera en que Dios actúa. La lectura detallada del capítulo primero saca a la luz dos facetas distintas del proceso creativo de Dios. En primer lugar, la creación impersonal de Génesis 1: 3, 6, 9, 11, 14, 20, 24, donde siempre se muestra que "dijo Dios, o Dios dijo", indicando que Dios lo ordenó hacer con el poder de su Palabra. Segundo está la creación personal: "Entonces dijo Dios: Hagamos al hombre a nuestra imagen, conforme a nuestra semejanza" (Génesis 1:26), mostrando de manera clara que Dios intervino personalmente en la formación del hombre del polvo de la tierra (Génesis 2:7). De esto entendemos que a veces Dios ordena que las cosas sucedan por el poder de su Palabra, y en otras actúa directamente para hacer suceder las cosas. También vemos que Dios creó todos los elementos naturales de la nada, pero al hombre lo creó "formándolo" del polvo de la tierra, o sea, no somos creación de la nada, sino que somos creación formada a partir de la creación.

Ahora bien, Adán, el hombre formado directamente por las manos de Dios, poseía y disfrutaba de santidad por creación, porque todo lo que sale de las manos de Dios es santo. Eva, que fue formada posteriormente de la costilla de Adán, también disfrutaba santidad por creación derivada. En este estado de santidad -antes de la desobediencia- Adán y Eva conocían sólo el bien (Génesis 1:31). Dios dotó al hombre con un cerebro de inteligencia superior, racional, para comunicarse con El, y también le dio cinco sentidos naturales, vista, oído, olfato, sabor y tacto para relacionarse adecuadamente con el medio ambiente y sojuzgar y mantener la creación. Adán era el ser privilegiado, el más afortunado, pues había sido instituido para gobernar la creación. Todo estaba en sus manos, solo debía obedecer las instrucciones de Dios.

# CAPÍTULO 1

# COMIENZA EL DILEMA HUMANO

Es importante poner especial atención al aliento de vida que Dios sopló en la nariz de Adán (Génesis 2:7) para comprender nuestra existencia y semejanza con Dios y discernir con claridad el balance de la relación entre Dios y los hombres, según las consecuencias de los eventos que estaban por ocurrir.

Dios posee dos tipos de atributos: los inmanentes, que son su omnipotencia, omnipresencia y omnisciencia y los relativos o personales, que son inteligencia, voluntad y sentimientos. Después de formar con sus propias manos del polvo de la tierra el cuerpo humano de Adán, Dios se inclinó y sopló aliento, espíritu de vida en él, pero de ninguna manera le traspasó la esencia espiritual divina que contiene los atributos inmanentes de la deidad, es decir omnipotencia, omnisciencia y omnipresencia. Solamente le entregó energía de vida con los atributos relativos o personales de la deidad, que son inteligencia, voluntad y sentimientos. Lo hizo con el propósito de establecer una estrecha relación comunicativa con el hombre, como sucedía en el Huerto del Edén mientras Adán y Eva se mantuvieron en obediencia.

Nuestra semejanza con Dios no es divina, sino personal, porque poseemos por su gracia y misericordia los mismos atributos personales de inteligencia, voluntad y sentimientos. Por eso exclusivamente los seres humanos somos personas con raciocinio y, por tanto, creación especial de Dios.

## Creados con propósito y privilegio

Fuimos creados por amor y con amor, para amar y ser amados. En la Biblia se declara que Dios es amor y la primera condición que necesita el amor para que sea una bendición es ser entregado. Un amor escondido solo causa sufrimiento y frustración, pero un amor compartido produce gozo y satisfacción. Ese fue el propósito de Dios para crear al hombre, que fuera recipiente del amor para recibirlo y entregarlo, para ser canal de extensión del amor, esa característica intrínseca de la personalidad divina. Tenemos el privilegio de ser los escogidos de Dios para continuar la promulgación de su amor por el mundo. Dios pudo escoger las águilas o los leones para compartir su amor, pero nos eligió a nosotros. Esta es la primera de las elecciones de Dios por el hombre. Toda la creación fue diseñada pensando en nosotros. Somos el final feliz de la obra de Dios.

## Hasta un día

Una cantidad indeterminada de tiempo después de estos acontecimientos maravillosos, Eva caminaba por el jardín, posiblemente realizando algunas de sus tareas cotidianas, y la serpiente le salió al encuentro. Se cuenta en la Biblia que la serpiente era astuta. La astucia es la habilidad de usar la inteligencia para obtener provecho con engaños y Satanás es el padre de mentiras (Juan 8:44). Obviamente, como vivían en la creación armoniosa que Dios había bendecido, tal vez no con un idioma formal, pero sí de alguna manera, Adán y Eva se comunicaban con los animales. Esa es la razón por la cual Eva no se echó a correr del susto cuando la serpiente le habló. Podemos asegurar que esta es la conversación más fatal que ha tenido lugar en el universo debido a sus consecuencias irremediables.

Por su importancia, hay algunos aspectos de la conversación y su entorno dignos de resaltar:

1. Eva conocía a la serpiente: la tentación generalmente viene de algo común o alguien cercano (Génesis 3:1).
2. La esencia de la tentación es poner en duda la veracidad y autoridad de la Palabra de Dios: "No moriréis" (Génesis 3:4). Esto es una verdad a medias, que es lo mismo que una mentira total, porque Adán y Eva sí murieron espiritualmente en ese momento y entró la muerte física en ellos y en el género humano.
3. Eva intercambió opiniones con la serpiente (Génesis 3:2,3): la única respuesta posible a la tentación es un rotundo ¡NO!
4. Eva trató de comprobar las insinuaciones de Satanás y sucumbió ante ellas (Génesis 3:6): a veces es mejor no llegar para evitar pasarse, hay cosas que es mejor no conocerlas.
5. Satanás envió a la serpiente a hablar con Eva porque quien había recibido directamente de Dios la orden de no comer del fruto del árbol prohibido era Adán y Eva conocía de la prohibición por boca de su esposo; por tanto, había mucha más probabilidad de convencerla a ella.

La manifestación del ciclo pecaminoso básico es: relación, duda, tentación y caída. Aquí lo vemos claramente: la serpiente, que tenía relación con Eva, le sembró la duda en la Palabra de Dios, le presentó la tentación y ella comió del fruto prohibido (caída). A continuación, Eva, que tenía relación con Adán, le sembró la duda en la Palabra de Dios y le presentó la tentación diciendo "comí y no morí, sino que ahora lo sé todo". Entonces Adán comió del fruto del árbol prohibido (caída).

Debemos permanecer alertas, porque desde nuestras relaciones vendrá la duda en la Palabra de Dios y se presentarán las tentaciones con mentiras disfrazadas de medias verdades para que caigamos en la desobediencia y el pecado.

Este pasaje bíblico se usa comúnmente para reclamar el derecho de tomar nuestras propias decisiones planteando que Dios nos ha dado libre albedrío. Esto es un error, ya que el libre albedrío no proviene de Dios, sino de Satanás. Dios le dio al hombre inteligencia, voluntad y sentimiento para hacer el bien. La opción de la desobediencia y de conducirnos según nuestros criterios proviene de Satanás que, mediante la relación, siembra la duda como tentación para hacernos desobedecer. Fue con Satanás que surgió el primer pecado conocido en el universo, cuando se reveló contra Dios y fue Satanás quien introdujo el pecado en el hombre cuando convenció a Eva para desobedecer. Ella, a su vez, arrastró a su esposo a la desobediencia también.

El pecado nunca es un hecho aislado. Siempre está presente el mismo patrón de relación, duda, tentación y pecado y las áreas de influencia de la tentación siempre son las mismas:

1.  Los deseos de la carne: "el día que comáis de él" (Génesis 3:5a).
2.  Los deseos de los ojos: "serán abiertos vuestros ojos" (Génesis 3:5b).
3.  La vanagloria de la vida: "y seréis como Dios, sabiendo el bien y el mal" (Génesis 3:5c).

El Apóstol Juan identificó magistralmente estas áreas de influencia: "Porque todo lo que hay en el mundo, los deseos de la carne, los deseos de los ojos, y la vanagloria de la vida, no proviene del Padre, sino del mundo." (1 Juan 2:16)

Este acto de desobediencia marca el fin de los tiempos perfectos del hombre y el comienzo de la etapa de debacle, separación y muerte. A Dios le dolió en su santidad la culpa de Adán y Eva y sufrió, de la misma manera que sufre hasta el día de hoy por nuestros pecados.

Adán y Eva, hechos para reinar, perdieron la santidad que poseían y se convirtieron en esclavos de la culpa y el miedo. El primer cambio de actitud en ellos, según la Biblia, fue que "fueron abiertos los ojos de ambos, y conocieron que estaban desnudos." (Génesis 3:7) Lo incorrecto no está en abrir los ojos, sino en ver lo indebido. Aquí "desnudo" no implica solo falta de vestimenta, sino también la pérdida de la inocencia racional y la santidad espiritual, que desvió su atención de Dios y la puso en ellos mismos. Esto los hizo conocer un nuevo estado de cosas: ¡Oh, estamos desnudos! Realmente, estaban desprotegidos, porque habían abandonado la seguridad de la santidad que proviene de vivir dentro de la voluntad divina. Luego, pensando por sí mismos bajo la influencia del conocimiento del mal, intentaron engañar a Dios cosiendo hojas de higuera para cubrirse. Pero esto manifestó aún más su falta porque antes, cuando obedecían a Dios, no tenían necesidad de cubrirse. ¿Por qué ahora sí? Satanás les había prometido conocimiento, pero realmente los convirtió en necios, porque la desobediencia siempre es necedad.

En Efesios 4:23 se habla de revertir esta situación: "y renovaos en el espíritu de vuestra mente". Fijémonos en las palabras de la Biblia: renovaos en el *espíritu* de vuestra mente, no en el *conocimiento* de vuestra mente. Adán y Eva, mientras tuvieron en su mente el espíritu de santidad, no se percataron de que estaban desnudos. Pero después de pecar fue lo primero que notaron, porque había cambiado el espíritu que gobernaba sus mentes. La actitud ante la tentación no depende del conocimiento, sino del espíritu que gobierna nuestra mente, que es el que percibe y aplica el conocimiento. De ahí la necesidad de renovar el *espíritu* de nuestra mente, "por el lavamiento de la regeneración y por la renovación del Espíritu Santo" (Tito 3:5).

La primera parte de la historia humana, que comenzó en victoria, terminó trágicamente con la expulsión del hombre del jardín, destinado a vivir de sus esfuerzos y sacrificios afrontando las consecuencias de sus actos. Dios le ofreció todo a Adán y Eva, pero no fueron capaces de valorarlo y por eso perdieron la bendición que disfrutaban. Esta es una constante de la vida espiritual. Dios le ofrece todo a los seres humanos, pero nosotros somos incapaces de captar la dimensión y trascendencia de las cosas divinas, no le damos el lugar primordial que merecen y escuchamos otras voces que nos privan de la presencia del Espíritu Santo. Esto trae como consecuencia que debemos vivir por nuestras propias capacidades, las cuales son limitadas y no proporcionan el alcance, la seguridad y la confianza que podríamos recibir si permaneciéramos fieles a la Palabra de Dios.

La actitud de Adán y Eva fue mucho más grave que desobedecer; también rechazaron a Dios mismo porque no consideraron suficiente lo que tenían, se sintieron limitados por las leyes de Dios, querían más y lo tomaron sin tener en cuenta las consecuencias. Dios lo sabía, pero no lo evitó porque el amor es benigno y todo lo sufre. Nada le duele más a un padre que la desobediencia y el rechazo de un hijo, pero también no hay nada más deseado por un padre que su hijo se arrepienta y vuelva a él. Así es Dios.

La santidad pura y preciada, imprescindible para mantener una relación con Dios, entregada con propósito y privilegio al hombre el día de su creación, había corrido el peor de los destinos; fue traicionada y abandonada para satisfacer una curiosidad que ya estaba anunciada como una tragedia: "mas del árbol de la ciencia del bien y del mal no comerás; porque el día que de él comieres, ciertamente morirás" (Génesis 2:17). El primer pecado conocido es el orgullo, que surgió en Satanás e hizo que se revelara contra Dios. También fue ese mismo orgullo el que Satanás hizo entrar en Eva para que desobedeciera. Por eso es tan importante la humildad en el carácter del cristiano para obedecer.

La santidad que satisface y trae gozo, el amor de Dios hecho emoción y sentimiento asequible al alma humana, fue ultrajada en el lugar donde debía prevalecer. Los atributos divinos se pierden con las malas decisiones. Nada de Dios habita en las cosas incorrectas. Dios es perfecto y solo la excelencia le agrada.

Todo lo que proviene de Satanás provoca engaño, culpabilidad, acusación y excusas. Adán se excusó de su culpa mintiendo, acusando primero a Eva por ofrecerle el fruto y después a Dios mismo, porque fue quien le dio la mujer por compañera. A continuación, Eva mintió, se excusó y acusó a la serpiente por seducirla a comer del fruto prohibido. Pero la culpa y responsabilidad por los pecados cometidos siempre es personal. Las influencias externas, cualesquiera que estas sean, por la obediencia a la Palabra de Dios pueden ser rechazadas y neutralizadas. La obediencia a menudo es incumplida por falta de control sobre los impulsos. Nuestras emociones, cuando son atacadas, adolecen de falta de previsión de las consecuencias. Todos estamos expuestos a la tentación, pero no estamos obligados a la desobediencia. El pecado puede ser evitado y Dios glorificado.

## "Ser cómo" no significa "ser igual a"

La Biblia dice: "Y dijo Jehová Dios: He aquí el hombre es como uno de nosotros, sabiendo el bien y el mal;" (Génesis 3:22). Dios conoce el mal, pero no lo practica, por tanto, el conocimiento del bien en Dios es limpio, no contaminado con el mal. El hombre conoce el bien, pero lo contamina con el mal que practica, por eso Dios es Santo y puro y el hombre es un pecador depravado.

El hombre es "como" Dios, porque conoce el bien y el mal, pero no ha sido, ni es ni será jamás "igual" a Dios porque practica el mal que Dios rechaza. Por tanto, tuvo que abandonar el Jardín de la bendición y adentrarse en un territorio árido e inhóspito, donde la provisión había que cosecharla.

Las consecuencias no tardaron en manifestarse: sufrimiento, soledad, tristeza, todos los dolores cayeron de a una sobre la tierra, rompiendo el equilibrio santo y bueno. La tierra se llenó de traición, muerte y venganza. La humanidad crecía sin Dios, incrementando la violencia, inmoralidad y salvajismo.

A partir de entonces la historia de la relación entre Dios y los hombres se resume en la lucha entre el bien y el mal, la luz y las tinieblas, Dios y Satanás. La existencia humana perdió el gozo de Dios y se convirtió en el esfuerzo de reconquistar la santidad para restaurar el propósito original de Dios con el hombre, habitar en su presencia para siempre. La historia humana de la recuperación de la vida eterna todavía se está escribiendo y no sabemos cuántos capítulos más faltan por conocer, pero lo cierto es que algún día, el capítulo final será escrito por Jesús.

Los hombres iban contra Dios desafiándolo y se alejaban de él ignorándolo, hasta que Jehová decidió no contender más con el hombre, porque su maldad era mucha y se arrepintió de haberlo creado, y se dispuso a borrarlo de la faz de la tierra. "Pero Noé halló gracia ante los ojos de Jehová" (Génesis 6:1-8).

Noé, ¿hombre afortunado o elegido?

Los hombres se multiplicaban sobre la tierra porque era el plan diseñado por Dios para la humanidad. "Fructificad y multiplicaos; llenad la tierra, y sojuzgadla" (Génesis 1:28), pero ignoraban los planes divinos de establecer un reino de paz y amor sobre la tierra. El hombre sin Dios vive regido por su naturaleza animal, que limita el funcionamiento racional del cerebro a responder solamente a la más primitiva necesidad del ser humano, la subsistencia. De esta manera, los hombres y mujeres, abandonando la relación espiritual con Dios, habían degradado su vida a la satisfacción exclusiva de los deseos carnales. La situación a la que habían llegado era intolerable, se imponía una decisión, y en medio del caos y la sordidez, Dios decidió lo más efectivo que se conoce para erradicar el mal, arrancarlo de raíz. Génesis 6:6 dice literalmente, implicando con toda intención y consecuencia que "se arrepintió Jehová de haber hecho hombre en la tierra" y Génesis 6:7 termina diciendo "pues me arrepiento de haberlos hecho".

Nuestra palabra moderna *arrepentimiento* viene del término hebreo *nachan* que significa aliviar, confortar y del término griego *metanoia* que significa cambiar de mente. Cuando la Biblia dice que Dios "se arrepintió", no significa que aniquilaría el género humano, sino que aliviaría la tierra del pecado que la oprimía utilizando personas con diferente forma de pensar y actuar. Dios no desiste de sus planes o propósitos, pero sí es capaz de identificar cuando el proyecto inicial ha tomado un camino incorrecto por el cual no es posible lograr los objetivos deseados y debe ser renovado. Para renovar algo, primero tiene que ser despojado de lo viejo e inservible. No había odio en el arrepentimiento de Dios, sino amor, porque toda intención de terminar con el mal para establecer el bien es un acto de amor. Así se manifiesta el arrepentimiento, deshaciéndose del mal para establecer el bien, confortando y aliviando a los oprimidos por el pecado cambiando su forma de pensar, para que puedan comenzar una vida con nuevas esperanzas. Dios no se arrepintió de haber hecho al hombre, sino de la maldad que se había desarrollado en ellos. Él no pretendía raer la raza humana de la faz de la tierra, sino terminar con el pecado y restablecer el bien usando una nueva generación humana, por eso leemos en Génesis 6:8: "pero Noé halló gracia ante los ojos de Jehová."

La palabra en este versículo que quiero resaltar es *pero*, porque este es un *pero* de Dios, que es distinto a los *peros* humanos. Los peros humanos funcionan como excusa para eludir la responsabilidad, por eso escuchamos frecuentemente frases como, entiendo tu situación, pero no puedo hacer nada; entiendo tu dolor, pero no está a mi alcance solucionarlo o, tenemos conocimiento de lo sucedido, pero no está dentro de nuestro radio de acción. En conclusión, los peros humanos son la conjunción para la excusa, además de ser negativos e insensibles y causantes de desaliento y frustración.

Por otro lado, los *peros* de Dios se manifiestan proporcionando todos los recursos de ayuda y solución, derramando la bondad de Dios con su maravilloso poder sobre cada obstáculo que se interponga en nuestra vida espiritual, sin tener en cuenta nuestros errores, culpas o responsabilidades. El *pero* de Dios declara que a pesar de nuestros pecados, de nuestras culpas, de nuestras desobediencias, Él nos perdona, nos restaura, nos adopta, nos convierte en nuevas criaturas y nos acompañará en todas nuestras luchas para que la victoria esté de nuestra parte. El pero de Dios es una actitud de consuelo, alivio y bendición. Quiere decir: a pesar de todo lo que ha sucedido, yo soy tu perdonador, yo soy tu protector y fortaleza, yo soy tu buen pastor y estaré contigo hasta el final de los días. Un pero de Dios significa que la acción, ayuda y cumplimiento ha llegado para manifestarse como gloriosa bendición, porque todo lo bueno proviene de Dios y del trono de la Gracia. No hay sombra de maldad en Él.

El hecho de que Noé halló gracia ante los ojos de Dios es otra muestra de que el arrepentimiento se refería solamente a la maldad del hombre y no al hombre mismo. De ser así, Noé y su familia hubieran perecido también en el diluvio. Dios arregla los defectos, no destruye al causante. Donde abunda el pecado, sobreabunda la Gracia (Romanos 5:2).

La humanidad descendiente de Adán aborrecía a Dios, pero había allí una persona que llamó la atención del Señor, no por curiosidad sino por actitud. Noé era bisnieto de Enoc, el que caminó con Dios, nieto de Matusalén e hijo de Lamec. Él había recibido de sus antecesores el testimonio de la creación, la caída, las promesas y hechos de Dios guardándolos en su corazón para obedecerlos. También conocía la profecía de su padre Lamec: "Este nos aliviará de nuestras obras y del trabajo de nuestras manos, a causa de la tierra que Jehová maldijo" (Génesis 5:29), pronunciada sobre él cuando nació. No era casualidad que Noé estuviera allí, había un propósito. En filosofía hay un concepto conocido como *causalidad*, que plantea que la casualidad o coincidencia no existen, sino que todo evento tiene una causa anterior que lo provoca. Aplicando este concepto a la teología, podemos decir que nada sucede por casualidad o coincidencia, sino por *causa* de la voluntad y propósito de Dios. Nuestra *causalidad* es el plan de Dios establecido por su voluntad. Aquel lugar de perdición era el escenario perfecto para que resaltara la obediencia de Noé. La luz, para que brille, necesita un fondo oscuro (Juan 1:5).

Dios no escoge para su obra personas según las apariencias, sino acorde a cualidades manifiestas y potenciales que sólo Él puede ver. Noé halló gracia ante los ojos de Jehová por su obediencia, basada en los testimonios sobre los hechos de Dios contados por sus ancestros, manifestando la fe que había en él. Esta es la importancia de los testimonios, el que los escucha, los cree y obedece, se salva. Noé desafió su tiempo para ser fiel a Dios. Él sabía lo que esperaba y estaba seguro de que vendría. Por eso Dios lo escogió, para comenzar, a partir de su descendencia, otra generación humana apartada de toda maldad que fuera fiel y obediente.

De ninguna manera Noé fue un afortunado, desde su nacimiento fue un elegido. La elección de Dios es el privilegio de hallar gracia ante sus ojos por la obediencia, fidelidad y temor de Dios que hemos demostrado en nuestro comportamiento. Si Noé había obedecido la voz de sus ancestros, mucho más obedecería la voz de Dios. Este era un requisito indispensable que debía tener la persona elegida para continuar con el plan de Dios, porque el método que Dios usaría era totalmente desconocido para la humanidad y demandaba una fe a toda prueba para obedecer sin dudar. Ellos no tenían ningún punto de referencia para ser usado como elemento de juicio y confiar que sucedería como Dios lo estaba anunciando. En la sociedad tenemos un dicho que dice: ante la duda, abstente. En la vida de fe se debe decir: ante la duda, ¡cree!

La tarea encomendada a Noé era el mayor desafío conocido hasta el momento:

1. Lo nunca imaginado: un diluvio.
2. Lo nunca visto: un gran barco.
3. Lo nunca oído: el fin del pecado.

Podemos imaginarnos a Noé preguntándole a Dios ¿cómo lo hago? ¿Por dónde comienzo? Hasta que Dios le reveló la respuesta: sigue exactamente mis instrucciones. A partir de ahí todo transcurrió según lo programado bajo la dirección de Dios. El creyente debe construir el arca de la salvación para su vida siguiendo estrictamente las instrucciones de Dios. Preguntémosle a Dios en oración qué debemos hacer y nos será revelada su voluntad.

Cuando estuvo terminada el arca, entró en ella Noé con su esposa, los hijos de ellos con sus esposas y todos los animales, "y

Jehová le cerró la puerta" (Génesis 7:13-16). Tratemos por todos los medios de estar dentro del arca cuando Jehová cierre la puerta. Acto seguido comenzó el diluvio que duró 40 días (Génesis 7:17), y después las aguas permanecieron 150 días sobre la tierra (Génesis 7:24; 8:3), haciendo un total de 190 días, más todo el tiempo que tuvieron que esperar hasta que "las aguas se secaron sobre la tierra" (Génesis 8:13) ¿Cómo Noé y su familia no enloquecieron durante ese tiempo encerrados en el arca rodeados de toda clase de animales? Porque ahí era donde estaban seguros y salvos. No importa cuánto tiempo ni de que estemos rodeados, si estamos en la seguridad y salvación de Dios conservaremos nuestra integridad personal y espiritual.

La generación pecadora entregada a todo tipo de aberraciones había sido eliminada totalmente (Génesis 7:21-23) y gracias a Dios el hombre elegido, su familia y los animales de todas las especies estaban nuevamente seguros sobre la tierra, listos para comenzar la segunda generación de vida agradable al creador. Noé sintió un gozo tan inmenso al sentirse salvo por la gracia de Dios que inmediatamente edificó un altar y ofreció sacrificios de olor grato a Jehová. Ya Jehová conocía la obediencia de Noé, ahora conocía su agradecimiento y devoción, y depositó toda su confianza en él para reconstruir la creación y continuar la humanidad.

La Biblia dice: "y dijo Jehová en su corazón: No volveré más a maldecir la tierra por causa del hombre; porque el intento del corazón del hombre es malo desde su juventud; ni volveré más a destruir todo ser viviente, como he hecho. Mientras la tierra permanezca, no cesarán la sementera y la siega, el frío y el calor, el verano y el invierno, y el día y la noche" (Génesis 8:21, 22). Dios estaba proclamando su voluntad de continuidad sobre las cosas creadas a pesar de su conocimiento sobre el futuro a corto y largo plazo, pero todo estaba bajo su control. Dios sería compasivo con el hombre, pero no tolerante con el pecado.

Noé y sus hijos fueron bendecidos y se les encomendó la misma misión que Adán no fue capaz de cumplir: "Fructificad y multiplicaos, y llenad la tierra" (Génesis 9:1). Un rayo de esperanza brilló en el horizonte divino, considerando la posibilidad que Noé tal vez pudiera lograrlo. Dios estaba enseñando el método para recuperar la santidad, la obediencia a su palabra. La santidad por creación que Adán y Eva poseían, pero que perdieron por su desobediencia, podía ser recuperada por la nueva generación descendiente de Noé a través de la obediencia. Estaba en las manos del hombre reconciliarse con Dios por relación. Obediencia es relación. Tanta bendición parecía increíble, pero para el que cree, todo le es posible (Marcos 9:23).

Es común escuchar que Dios hizo un pacto con Noé, pero no sucedió exactamente así. La Biblia dice: "He aquí que yo establezco mi pacto con vosotros, y con vuestros descendientes después de vosotros" (Génesis 9:9). "Estableceré mi pacto con vosotros" (Génesis 9:11). "Y dijo Dios: Esta es la señal del pacto que yo establezco entre mí y vosotros..." (Génesis 9:12). Jehová nunca negoció un pacto con Noé. Dios estableció, de su Gracia y Misericordia, un pacto eterno de perdón y salvación con el hombre. "Dios no quiere que alguien perezca, sino que todos procedan al arrepentimiento" (2 Pedro 3:9). Los pactos eternos de Dios son hechos en la voluntad de sí mismo, porque sólo Él es eterno, y el hombre lo disfruta en la temporalidad existencial de su vida.

Determinado y seguro, Noé comenzó a labrar una viña, la cual creció, fructificó, y cuando llegó la vendimia, se hizo el vino y... todo volvió a echarse a perder. Noé se embriagó, se acostó desnudo en medio de su tienda y su hijo Cam descubrió la desnudez de su padre (Génesis 9:20-22). Las nuevas oportunidades, los segundos comienzos los emprendemos con ímpetu, pasión y determinación, pero ¿cuánto dura? Con frecuencia, muy poco tiempo. Del camino correcto nos pueden sacar las dificultades o las facilidades, porque las dos consumen nuestras fuerzas e impulsos de la misma manera, pero en diferentes direcciones. En las facilidades, el disfrute del resultado nos nubla el entendimiento y tomamos funestas decisiones. En las dificultades, el esfuerzo del sacrificio es tan fuerte que perdemos el enfoque original y obtenemos resultados equivocados.

El pecado es altamente contagioso, cuando llegamos cerca es muy fácil infectarse y nunca es un hecho aislado, como ya mencionamos anteriormente. Aquí se repite la misma cadena de eventos que desataron el conflicto en el Jardín del Edén: relación (padre, hijo), tentación (desnudez) y pecado (vio la desnudez de su padre).

El hombre que mantuvo su testimonio de obediencia desafiando la sociedad perdida de su tiempo, lo cual le mereció el favor y la confianza de Dios, al cosechar los primeros frutos de la bendición no supo convertirlos en acción de gracias al igual que hizo cuando salió del arca. El arca significó la salvación, los primeros frutos representaban la bendición y la adoración hubiera asegurado la confirmación. Pero, y es un pero humano -que siempre es para excusa y abandono- la continuación de la raza humana no comenzó como debía ser. La santidad que se debía recuperar se perdió de nuevo. Pero, y es un pero de Dios -que siempre es para protección y esperanza- el pacto ya había sido establecido y Dios debía continuar con sus planes de perdón y salvación prometidos en relación con la humanidad. Por segunda vez, la raza humana crecía y se propagaba por la tierra desafiante y separada de Dios, viviendo en sus criterios y conveniencias sin importarles la voluntad divina.

Los hombres descendientes de los hijos de Noé (Génesis 10:32), que en esos tiempos hablaban una sola lengua (Génesis 11:1), cuando se establecieron en la tierra de Sinar se olvidaron de Dios y comenzaron a construir una ciudad (sus propias leyes) con una torre que llegara al cielo (su propio Dios). Ellos pensaban que como Dios estaba en el cielo, en el techo azul que veían encima de ellos, podrían llegar hasta allí para estar a su mismo nivel, ver lo que El ve y hacer lo que El hace.

La Torre de Babel representaba la rebeldía, el orgullo y el rechazo de las reglas divinas por parte del hombre, a pesar de que esas reglas fueron las que los salvaron. No había en ellos lugar para la obediencia y la santidad. Solo Dios en su infinita benevolencia es capaz de soportar tanta ingratitud. Pero el pecado no es una opción en el menú de la salvación. La obediencia es primordial en la relación con

Dios porque está intrínsecamente relacionada con la humildad. Los orgullosos no obedecen, los humildes sí, y para establecer el plan de salvación de Dios en la tierra se necesitan hombres y mujeres humildes que obedezcan. El orgullo y la desobediencia jamás serán integrantes del equipo divino.

De nuevo Dios intervino misericordiosamente para salvar la humanidad de las desviaciones que la apartaban de la verdad y confundió sus lenguas (Génesis 11:6,7) esparciéndolos por toda la tierra (Génesis 11:8). Los eventos relacionados con la Torre de Babel no pueden ser tomados a la ligera porque revelan un principio espiritual muy importante en el entendimiento de la necesidad de la santidad para el acercamiento y reconciliación con Dios. Este grupo humano que había llegado a los llanos de Sinar era la nueva generación que no tenía conocimiento de pecado, porque en el diluvio, la generación pecadora desapareció (Génesis 7:21-23). Pero aun así, de ellos mismos surgió hacer lo contrario a las instrucciones recibidas para cumplir con los estatutos de Dios entregados esta vez a Noé y sus hijos (Génesis 9:1-3). ¿Qué sucedió entonces? La respuesta la podemos encontrar en Génesis 6:5: "Y vio Jehová que la maldad de los hombres era mucha en la tierra, y que todo designio de los pensamientos del corazón de ellos era de continuo solamente el mal". También en Génesis 8:21: "porque el intento del corazón del hombre es malo desde su juventud" y confirmado por el Apóstol Pablo en Romanos 3:10, "Como está escrito: No hay justo, ni aun uno;". No importa nuestra procedencia o quiénes seamos, si somos humanos, hemos heredado la naturaleza pecaminosa adquirida por Adán y Eva, y eso nos conduce indefectiblemente a ser impulsados primariamente a los impulsos carnales y materiales desechando toda espiritualidad o inclinación hacia Dios. Esta realidad puede ser definida de la siguiente manera: El ser humano no se convierte en pecador cuando comienza a cometer pecados, sino que desde antes de comenzar a cometer pecados ya es un pecador por naturaleza. Un niño, al instante de haber nacido, sin todavía haber tenido ni tan siquiera un mal pensamiento, ya es pecador, a causa de la herencia pecaminosa que habita en su vida.

El Apóstol Juan categoriza este defecto humano de la siguiente manera: "Si decimos que no hemos pecado, le hacemos a él mentiroso, y su palabra no está en nosotros" (1 Juan 1:10). No debemos tratar de eludir nuestra naturaleza pecaminosa porque sencillamente es imposible lograrlo, en cambio, debemos enfrentarla como una realidad innata que debe ser sometida a la obediencia del Espíritu Santo. Nacemos malos, pero Dios nos hace buenos.

El hombre continuaba incorregible pero nuestro incansable, inmenso y poderoso Dios, que da a manos llenas, aún tenía mucho por hacer y demasiado camino por andar. ¿Qué obstáculo puede detener a Dios y sus planes? ¿Qué fuerza puede desviarlo, si él es la energía del poder? El iría por más. Ese más divino no es mayor, sino mejor. La calidad es más útil que la cantidad. Mucho, pero malo, no funciona bien; bueno, aunque poco, cumple los planes. Muchas veces, habiendo más, tenemos menos y otras, siendo menos hacemos más. El camino era largo, pero había que recorrerlo. La obediencia y santidad debían y deben ser restauradas a toda costa, porque ese es el método divino establecido para estar en comunión con Dios.

# CAPÍTULO 2

# ABRAHAM, LA MANIFESTACIÓN Y CONSOLIDACIÓN DE LA FE

Los seres humanos son muy buenos para crecer y aumentar, pero muy malos para la fidelidad. De nuevo otra humanidad ocupaba la tierra por sus riendas y contiendas, enfocada en sí misma. Creía que el vasto mundo de Dios le pertenecía, y podía hacer su capricho. El hombre perseveraba en el pecado y Dios insistía en enderezar sus caminos.

Nuevamente Jehová, de su Gracia y Misericordia, comenzó el proceso de intentar recuperar la santidad perdida en el hombre, y del hijo de Noé, Sem, hizo nacer a Taré, y de Taré nació Abraham, y de la simiente de Abraham Dios crearía su pueblo escogido y amado.

Abraham nació y habitó en Ur de los caldeos, donde se había casado con Sara, la cual era estéril. La Biblia no menciona alguna cualidad especial en Abraham que llamara la atención de Dios, como sucedió con Noé, pero, Dios sabía -y este es un pero de Dios- lo que Abraham era capaz de hacer. Dios no busca habilidad, sino disponibilidad, por eso lo escogió.

Taré, cuyo nombre significa retraso o demora, salió de la ciudad de Ur de los caldeos llevando consigo a su hijo Abraham con su esposa Sara y su nieto Lot, pero se detuvieron en la ciudad de Harán, que significa estéril. Esta era la última ciudad civilizada antes de entrar en el inmenso y peligroso desierto arábigo, donde se encontraba la tierra de Canaán, y a causa de la vejez de Taré que no estaba en condiciones de emprender la dura travesía, tuvieron que permanecer allí hasta que murió (Génesis 11:32). La obra de Dios requiere liberación de las limitaciones humanas.

Todo lo relacionado con la vida, misión y ministerio de Abraham es sumamente importante porque él es uno de los hombres más relevantes de la Biblia. Abraham no fue mejor que sus antecesores, estuvo lleno de temores e incertidumbres, pero Dios comienza a enseñar el nuevo método de trabajo a partir de él: seguimiento, evaluación y corrección espiritual. Abraham desobedeció, mintió y huyó, pero Dios no lo abandonó, lo desechó o castigó, sino que lo instruía y guiaba en sus caminos nuevamente, haciendo prevalecer sus propósitos eternos por encima de los errores personales. Dios no le dio a Abraham una misión como hizo con Adán y Noé, "Fructificad y multiplicaos", sino que le prometió bendición, "Y haré de ti una nación grande, y te bendeciré, y engrandeceré tu nombre, y serás bendición" (Génesis 12:2) y protección, "Bendeciré a los que te bendijeren, y a los que te maldijeren maldeciré; y serán benditas en ti todas las familias de la tierra" (Génesis 12:3).

Nosotros también tenemos promesas de bendición en Cristo Jesús y estamos seguros se cumplirán en el momento preciso dentro del plan de Dios. El llamado de Abraham fue un proceso. Tal vez él pensó que Harán era la tierra que Dios le había prometido, más Jehová apareció de nuevo para recordarle que tenía que seguir hacia la tierra de Canaán (Génesis 12:1). A pesar de todo, la misericordia y la bondad de Jehová son mayores que cualquier error humano. Más allá de toda desviación y equivocación, el amor de Dios nunca deja de ser alivio, consuelo y remedio para los descalabros humanos dentro y fuera de su obra. Desde su seno hacia nosotros fluye la más hermosa fuente de perdón. Dios nos sumerge en su río de aguas vivas para saciar nuestra sed, y darnos vida en abundancia. Su férrea voluntad perdonadora es la que nos ha traído hasta aquí.

Jehová entró de nuevo en escena en el lugar de Siquem, donde se la apareció a Abraham y le entregó el derecho de propiedad sobre la tierra de Canaán, y Abraham edificó allí un altar a Jehová. Después siguió caminando hacia el sur, pasando por Bet-el llegando al Neguev, y cuando se presentó una hambruna en Canaán, continuó su viaje hasta Egipto, mucho más allá de la tierra prometida (Génesis 12:7-10). Primero porque no llegó (Harán) y luego porque se pasó (Egipto). Esta es una característica muy común del comportamiento humano. Primero, un agradecimiento emotivo por la euforia del sentimiento de perdón y salvación, después se debilita esa convicción debido al desgaste de las energías luchando con los contratiempos, hasta que finalmente llega el abandono total, producto de que el instinto de supervivencia sobrepasa la determinación de agradar a Dios. Siempre que vayamos más allá del lugar, posición o situación que Dios nos ha indicado, entraremos en territorio de derrota. Abandonar las áreas de las promesas debilita nuestra integridad espiritual.

Adán estaba seguro en el jardín, su tierra prometida, donde Dios lo creó, pero después de desobedecer lo primero que sintió fue temor que lo llevó a mentir (Génesis 3:8-10). Noé estaba seguro en el arca, su tierra prometida, pero cuando salió se embriagó y proporcionó la oportunidad para el pecado de su hijo Cam. Abraham dejó la tierra prometida y lo primero que experimentó fue temor por su vida, por lo cual mintió y puso a Faraón en riesgo de cometer adulterio (Génesis 12:11-18). Esto define un patrón de conducta espiritual de abandono:

1.  Dejar la bendición (tierra prometida).
2.  Sentir temor (falta de seguridad).
3.  Necesidad de mentir (falta de protección).
4.  Crear situación de pecado (tentación).

La consecuencia de la conducta de abandono es ser echado fuera (Génesis 12:19). Aunque Dios no lo había hecho público, ya existía en su voluntad: "Porque no nos ha dado Dios espíritu de cobardía, sino de poder, de amor y de dominio propio" (2 Ti 1:7) y también el mandamiento "No mentirás" (Génesis 20:16). Abraham no lo sabía, pero Dios sí lo sentía.

## Transición

Cada persona tiene una medida de fe (Romanos 12:3). El objetivo con esa medida de fe no es hacerla crecer. Cuando los apóstoles se acercaron a Jesús para pedirle que les aumentara la fe, él no les contestó: reciban una fe del tamaño del sol, de la luna o de la Tierra, sino que les dijo: "Si tuvierais fe como un grano de mostaza -que es una semilla pequeña- podríais decir a este sicómoro: Desarráigate, y plántate en el mar; y os obedecería" (Lucas 17:5,6). Por tanto, lo principal de la fe no es el tamaño, sino ejercerla con autoridad.

Los primeros hombres que transitaron los caminos de Dios lo hicieron gracias a esa medida de fe innata que está en todos los seres humanos y deposita en nosotros la convicción que existe algo más allá de lo que conocemos. Esa fe intuitiva los colocaba en las posiciones y situaciones deseadas por Dios y aunque no eran perfectos, eran sinceros con ellos mismos y con Dios. Esa intuición espiritual elemental les era contada como fe (Génesis 15:6). Pero eso no es suficiente. La fe no puede limitarse a una intuición espiritual que nos muestre aproximadamente los planes de Dios, tiene que ser, como está definida en Hebreos 11:1 "certeza de lo que se espera y convicción de lo que no se ve". No hay oportunidad para la duda ni para ninguna posibilidad de error. Esto solo se logra con una transformación profunda que alcance toda la esencia existencial del ser humano.

Esta transición espiritual abarca básicamente las tres áreas mencionadas en Juan 16:8:

1. Convencimiento de pecado: Reconocimiento de las conductas contrarias a la voluntad y planes de Dios.
2. Convencimiento de juicio: Interiorización de que Dios juzgará a todos los seres humanos.
3. Convencimiento de justicia: Conocer que la justicia divina se manifiesta en el sacrificio de Jesús para el perdón de los pecados, y es adjudicada a nosotros por la obediencia a Dios por fe en Jesucristo.

Abraham tenía que ser sometido a este proceso para recuperar la santidad perdida, porque la fe que nace con el hombre es alimentada por la naturaleza carnal y es necesario enfocarla en la dimensión espiritual. Los procesos de cambio espiritual nos enfrentan con la cruda realidad de las consecuencias de nuestros actos. Abraham aprendería su lección atravesando por la contienda y separación (Génesis 13), guerra (Génesis 14), reproche (Génesis 15), desesperación (Génesis 16) y victoria (Génesis 24:1).

## Contienda y separación

Acorde a las instrucciones de Dios, Abraham debió emprender su viaje junto con su esposa, pero en la primera parte del trayecto también iba acompañado de su padre, que lo detuvo en Harán, y su sobrino Lot, que le iba a causar contratiempos y dificultades. Era necesario más abnegación hacia Dios para lograr el nivel de compromiso requerido y continuar con el proceso de salvación por obediencia y santificación propuesto en la voluntad de Dios desde el mismo momento de la caída (Génesis 3:1).

Cuando Lot y Abraham regresaron al lugar de donde nunca debieron haber salido, La Tierra Prometida, encontraron que no había lugar suficiente para habitar los dos juntos, porque tenían muchas posesiones. La abundancia no es siempre, como creemos, bendición, también puede convertirse en contención y separación

(Génesis 13:6-9). Es justo decir que esta situación resultaba dolorosa para Abraham, porque si algo había quedado manifiesto, era su amor hacia Lot, al que siempre había protegido. Las separaciones son dolorosas y repercuten en el futuro. Tomar diferentes caminos significa división para aquellos que siguen el rumbo equivocado, pero para los que eligen la senda correcta significa el comienzo de nuevas etapas de crecimiento. Pero no es tan fácil lograrlo, se requiere esfuerzo, tenacidad y entrega para consolidar los objetivos.

Lot alzó sus ojos, lo que es un gesto de orgullo, y al ver la fértil llanura del Jordán, no vio el peligro de perdición que acechaba al final en Sodoma y Gomorra. Por segunda vez Lot decidió abandonar Canaán. Abraham permaneció en la Tierra Prometida, una señal de toma de conciencia sobre la importancia de permanecer en los lugares donde Dios nos coloca, porque ahí es donde recibiremos la bendición (Génesis 13:10-13). Debemos entender que Dios funciona con un programa y un plan en el tiempo de su voluntad.

Inmediatamente después que Lot se marchó, Abraham comenzó a recibir bendición. Jehová le dijo: "Alza ahora tus ojos, y mira desde el lugar donde estás hacia el norte y el sur, y el oriente y al occidente, porque toda la tierra que ves, la daré a ti y a tu descendencia para siempre" (Génesis 13:14,15). No es lo mismo alzar nuestros ojos interesadamente para ver qué beneficio, ganancia o ventaja podemos obtener, como hizo Lot, a que Dios nos haga levantar la vista para mostrarnos la bendición reservada para nosotros, como sucedió con Abraham.

## Guerra

Los asuntos de Abraham y Lot no terminarían tan sencillamente, faltaban cosas por suceder. Los reyes de la tierra se lanzaron contra Sodoma y Gomorra para atacarla y saquearla, lo cual hicieron, pero al tomar todas las riquezas y provisiones, también se llevaron a Lot y sus bienes. Uno de los sobrevivientes escapó y avisó de la suerte de su sobrino a Abraham, el cual alistó su personal y salió a rescatarlo.

Así fue como Abraham, que estaba viviendo en Canaán, la tierra que fluye leche y miel, cumpliendo finalmente con Dios y disfrutando del favor divino, se vio envuelto en una guerra que no era suya, por causa de su sobrino que decidió expandir sus dominios hacia Sodoma y Gomorra llegando a habitar en ellas, lugar de ignominia e inmoralidad (Génesis 13:12). Muchas de las guerras que se nos presentan no son nuestras, muchas de las batallas que enfrentamos no tenemos que pelearlas. Estas situaciones hostiles se nos presentan como consecuencia de desobediencias cometidas en el pasado. La importancia de conservar nuestra paz es darle la oportunidad a Dios para que pelee por nosotros. Las guerras nos hacen invertir los recursos que tenemos para servir a Dios en empeños que causan dolor y sufrimiento. Todos nuestros esfuerzos deben estar enfocados en edificar para el reino y en nuestra salvación espiritual.

## Reproche

Al parecer, Abraham temía que los ejércitos que había derrotado recientemente se reorganizaran y lo atacaran para vengarse, pero Dios le dijo: "No temas, Abraham, yo soy tu escudo, y tu galardón será sobremanera grande", por tanto, todo va a estar bien. Los seres humanos somos muy propensos a vivir llenos de temores a causa de nuestras limitaciones, pero Dios dice que la victoria que él nos otorgará es mucho mayor que lo que podamos temer. "No temas" es una aseveración muy frecuente en la relación protectora hacia los hombres en situaciones y momentos difíciles, porque su propósito es enseñarnos que Él está en control de todo y confiadamente podemos descansar en la seguridad de su protección. Los creyentes, cuando se convierten a Cristo han derrotado las huestes de maldad de Satanás, y sabemos que él opondrá tenaz resistencia a nuestra conversión y tratará de atacarnos, pero Dios está diciéndonos repetidamente, no temas. Pero contrario a lo que podríamos esperar, Abraham le reprochó: ¿de qué me sirve lo que me puedas dar si no tengo un hijo que lo herede?

porque no me has dado prole (Génesis 15:2,3). Cuán comunes son los reproches cuando las cosas no marchan como queremos. A veces desdeñamos a Dios por no haber recibido las cosas que creemos merecer. Pero Dios no pretende negarnos nada, sino entregarlo cuando sea de bendición y provecho. Abraham estaba envejeciendo, no veía el cumplimiento de la promesa (Génesis 12:2,3; 13:15,16) y estaba preocupado por el legado familiar, algo muy importante en las comunidades bíblicas de los inicios de la historia humana, y comenzó a poner en duda la promesa de Dios. Pero hay dos tipos de duda, la que rechaza y la que desea. El reproche de Abraham no desdeñaba la promesa, la requería, porque la deseaba. Él no intentaba decir, ¿por qué no me quieres dar descendencia? Está bien, no me importa, yo puedo vivir sin eso. En cambio, su intención era un reclamo, ¿por qué no me das descendencia? Yo la deseo, necesito tenerla para poder vivir.

Las consecuencias de los errores del pasado le habían causado contratiempos, pero ahora comenzaba a transitar por una dimensión espiritual de acercamiento al cumplimiento de los planes de Dios. Los recuerdos no deben atormentarnos, sino edificarnos con la enseñanza de la experiencia. Equivocarse es tomar una mala decisión, error es no rectificar. Nunca estamos lejos de Dios, solo le damos la espalda, basta dar la vuelta para quedar frente a Él.

Jehová terminó diciendo que un hijo de él sería el heredero, lo llevó fuera de la tienda y le enseñó las estrellas y le dijo: Así será tu descendencia. Y creyó a Jehová y le fue contado por justicia (Génesis 15:4-6). Nuestra justicia no es lo que hagamos, sino que le creamos a Dios.

## Desesperación

Habían transcurrido diez años desde que Jehová les prometió descendencia a Abraham y Sara y aun seguían sin hijos. Eso los desalentó y suplantaron la paciencia de la fe con la ansiedad de la carne y utilizaron una costumbre de sus tiempos, en la cual la sirvienta se sentaba en las piernas de su ama mientras el esposo la fecundaba, y ese hijo de la esclava era considerado como hijo de los amos. De esta manera, Sara, que era estéril, se acercó a su esposo y le dijo: "Te ruego que te llegues a mi sierva Agar; quizás tendré hijos de ella" (Génesis 16:2). Abraham, interesado y desesperado por tener descendencia, creyó que tal vez ese era el método que Dios utilizaría para cumplir su palabra y prestando atención a su esposa, se llegó a Agar y concibió. Pero ahí comenzaron los problemas. Agar se sintió más importante que Sara y la despreciaba. ¿Qué pasó después? Sara se acercó a Abraham y le dijo: "Mi afrenta sea sobre ti". Posiblemente Abraham pensaba: Yo hice lo que me dijiste, todo esto fue idea tuya, pero después respondió a su esposa, "ahora está en tus manos, haz lo que quieras con ella" (Génesis 16:6).

La decepción y el desespero nublan nuestra percepción espiritual y nos hace incapaces de reconocer e identificar el plan de Dios para cumplir su propósito en nuestra vida. Cualquier cantidad de tiempo que llevemos esperando una respuesta de Dios no es motivo para seguir un consejo fuera de su Palabra. Por encima de todas las cosas, siempre debe prevalecer la Palabra de Dios.

Abraham confundió el método y las consecuencias no se hicieron esperar. Tuvo un hijo, pero de la impaciencia de la carne y todo lo que es de la carne causa problemas y dificultades. Sus relaciones con Sara se dañaron (Génesis 16:5), el equilibrio familiar se rompió (Génesis 16:8), provocó el surgimiento de una nación (Génesis 16:10) que posteriormente causaría grandes problemas al pueblo de Israel, y demoró el nacimiento del hijo de la promesa. Siempre que intentemos adelantar los planes de Dios usando nuestros criterios, solo lograremos retrasarlos y complicarlos. Únicamente la paciencia provoca el cumplimiento en el tiempo perfecto de Dios.

## Renovación de la promesa

Cuando se cumplen noventa años, la expectativa de futuro no va más allá del siguiente día, por tanto, nadie tiene planes de ser padre a esa edad. Sólo Dios, dueño del tiempo, la vida y la historia, visualiza la fundación de un pueblo con propósitos de alcance global y eterno a partir de un hombre de tan avanzada edad.

El versículo uno es de carácter épico, contiene un mensaje y una exigencia: "Era Abraham de noventa y nueve años, cuando le apareció Jehová y le dijo: Yo soy el Dios todopoderoso; anda delante de mí y sé perfecto."

El mensaje "Yo soy el Dios todopoderoso", deja sentado claramente que estaba en la capacidad, autoridad y voluntad de hacer según fueran sus deseos aun en contra de toda lógica, ciencia y naturaleza, para cumplir sus promesas. Mientras más improbable el hecho, mayor es la Gloria de Dios en el milagro. La exigencia "Anda delante de mí y sé perfecto", indica que el proceso de crecimiento espiritual de Abraham estaba profundamente avanzado y Dios exigía ver frutos de obediencia y dedicación a hacer exclusivamente su voluntad, porque los milagros ocurren y las promesas se cumplen únicamente llevando una vida intachable con un corazón dispuesto al sacrificio.

Básicamente, "anda delante de mí" significa, yo te guiaré, y "sé perfecto" significa, obedece completamente.

Habían transcurrido veinticuatro años desde que Jehová hizo la promesa original (Génesis 12:2) y trece desde el nacimiento de Ismael (Génesis 17:25) y ya Abraham tenía noventa y nueve años. No es posible imaginar un escenario más adecuado para el desánimo y el desaliento que este. Pero, y este es otro pero de Dios, cuando todo parece estar perdido, cuando no hay más oportunidades, ni tiempo ni fuerzas, cuando se ha hecho todo lo humanamente posible y nada ha dado resultado, cuando no hay más territorio hacia donde avanzar, cuando todas las puertas han sido clausuradas por las circunstancias y yacemos sin esperanzas abandonados a cualquier suerte que pueda venir, Dios el único que asiste sin pretextos a los necesitados, abandonados y desesperados. Aparece con su luz, su brillo, su resplandor y su poder, su fuerza y su energía, irradiando esperanza, alegría y gozo, llenando las almas con toda la satisfacción que proviene del Trono de la Gracia. El Dios que hace revivir los huesos, ver los ciegos, andar los cojos, oír los sordos y hablar los mudos, aparece en toda su Gloria y Poder para dar, suplir y proveer la ansiada solución, respuesta y cumplimiento de su promesa.

"Y pondré mi pacto entre mí y ti, y te multiplicaré en gran manera" (Génesis 17:2). Este pacto tiene particularidades diferentes al pacto eterno después del diluvio (Génesis 9:8-16). En aquel momento Dios estableció en sí mismo, de su propia voluntad, un pacto de perdurabilidad eterna con respecto a la tierra, la humanidad, los animales y todos los tipos de vida. Ahora, Dios "pone", hace un pacto con Abraham, dirigido a cubrir la temporalidad humana de Abraham y su descendencia. El pacto de la época de Noé es universal y eterno, ahora este pacto con Abraham se limita a su descendencia y el pueblo que nacería de ella. En muchas ocasiones, cuando nos referimos a los israelitas, decimos que son el pueblo elegido de Dios, y es cierto, pero se puede pensar que la elección consiste en que allí había múltiples pueblos, uno de los cuales eran los israelitas, y al azar, Dios los escogió a ellos. Pero no es así, el pueblo de Israel no existía, Dios lo hizo surgir, lo creó de la simiente de Abraham. La elección del pueblo de Israel significa el pueblo que Dios hizo nacer para sí mismo.

# CAPÍTULO 3

# PRIMERA PARTE DE LA PROMESA, EL HIJO

Cuando se cumplió "el tiempo de la vida" (Génesis 18:10), Jehová visitó a Sara y esta le dio un hijo a Abraham. Pero durante ese "tiempo de la vida" sucedió un evento que merece ser mencionado. Un día, estando sentado Abraham a la puerta de su tienda en el encinar de Mamre, le apareció Jehová (Génesis 18:1). Lo que sucedió a continuación es una de las más tempranas evidencias bíblicas de la trinidad divina.

En Génesis 1: 26 se manifiesta la pluralidad de Dios al decir, "hagamos" al hombre a "nuestra" imagen. Queda claro con "hagamos" y "nuestra" que en el acto de la creación del hombre intervino más de "uno", pero no sabemos cuántos, hasta que llegamos al capítulo 18, donde en el primer versículo se le aparece Jehová a Abraham. En el segundo versículo, cuando él levanta los ojos ve a tres varones y en el tercer versículo, después de postrarse ante ellos dice: Señor. Este patrón de intercambio entre uno y tres es una constante en este pasaje. En Génesis 1:26 vemos la pluralidad de Dios, más de uno, y aquí vemos la cantidad, tres. Luego, en el Nuevo Testamento, es revelada la identidad de cada uno de ellos.

Otra consideración interesante en Génesis 18:3 es la expresión de Abraham: "si ahora he hallado gracia en tus ojos, te ruego que no pases de tu siervo", que nos trae a la mente a Noé, que "halló gracia ante los ojos de Jehová" (Génesis 6:8) y fue salvado de perecer en el diluvio junto con su familia. Aquí Abraham manifiesta la certeza (fe) de que, si halla gracia delante de sus ojos, Dios no lo abandonaría. Este es un rasgo importante del carácter de Dios: El nunca dejará atrás, ni ignorará a alguien que halle gracia ante sus ojos debido a la fidelidad, obediencia, consagración y entrega. Zaqueo quería ver quien era Jesús, y se subió a un árbol para esquivar la multitud. Jesús primero lo sintió, después lo vio y para salvarlo, lo llamó (Lucas 19: 1-10). Dios jamás pasará de largo donde haya un necesitado clamando, buscando su presencia, alivio y consuelo.

Sara ya era anciana cuando Jehová la hizo concebir y tener su propio hijo. Esta promesa se cumplió porque Dios es fiel a su palabra, no porque Abraham y Sara habían obedecido adecuadamente. Dios siempre cumple su palabra debido a su fidelidad, no a nuestro comportamiento. Si fuera de esa manera, Dios no tendría ningún compromiso de honrar sus pactos y promesas, porque nosotros siempre incumplimos las cláusulas establecidas en el contrato. El proceso de conversión que Dios comenzó en Abraham desde Ur de los caldeos, estaba llegando a su plenitud. No se transforma una persona desobediente en un gran hombre de fe de un día para otro. Los procesos de conversión espiritual necesitan tiempo de trabajo espiritual, años confiando en Dios tanto en los momentos triviales como en los trascendentales para provocar el cambio. La conversión es un desafío a lo conocido para establecer lo debido.

Pero, así como ya había pagado por los errores del pasado con respecto a Lot, ahora debería pagar por los errores del pasado en relación con su hijo Ismael, el hijo de la desesperación humana para cumplir con las reglas sociales en lugar de aguardar por el tiempo perfecto de Dios. Isaac, el hijo de la promesa, fue circuncidado a los ocho días, como había dicho Dios (Génesis 17:10-13) y destetado (Génesis 21:8) a los tres años, como era costumbre, e hicieron celebración de júbilo. Pero Sara notó que Ismael se burlaba de su hijo Isaac y demandó a Abraham que expulsara a Agar e Ismael para que no heredara junto con Isaac. Los efectos de los actos de la carne perduran y perturban la paz del espíritu.

Las promesas espirituales nunca se harán realidad siguiendo métodos o soluciones carnales, todo lo contrario, nos robarán el gozo y la comunión, además de entorpecer los planes futuros de Dios, creando fuertes sentimientos de contradicción y enemistad. Las costumbres no cambian la realidad ni los sentimientos maternales. Dada esta situación, como era lógico, Agar defendía a su hijo Ismael y Sara protegía a su hijo Isaac. Supuestamente, Sara debía considerar a Ismael su hijo primogénito y a Isaac el hermano menor, según el orden hereditario de aquella época, pero no era así (Génesis 21:10). Al nacer Isaac de su propio vientre, como cumplimiento de la promesa de Dios, la configuración del escenario familiar cambió. De ninguna manera Sara permitiría que Ismael, el bastardo, heredara la mayor y mejor parte de las propiedades de Abraham su esposo, ahora que ella tenía un hijo legítimo con él.

Abraham estaba triste debido a la disyuntiva que enfrentaba. Él se llegó a Agar porque Sara se lo propuso, no porque fuera su intención, al igual que Adán, sin buscarlo, comió del fruto prohibido porque Eva se lo ofreció, y ambos echaron a perder el futuro. Adán, el de la humanidad, porque su pecado nos separó de Dios, y Abraham, con su concupiscencia, ayudó a crear un enemigo para el pueblo de Israel, los Ismaelitas. Todas las ofertas que no sean respaldadas por la Biblia deben ser rechazadas tajantemente. La santidad demanda cero oportunidades para el enemigo. Abraham amaba a Ismael igual que amaba a Isaac, pues los dos eran sus hijos, pero Sara rechazaba a Ismael, porque era hijo de Agar la sierva egipcia, pero amaba a Isaac porque era su hijo y deseaba que los bienes familiares pasaran a él. Mas Abraham no pensaba en la herencia, sino en el amor por sus hijos y la separación de los hermanos, por eso estaba disgustado y angustiado con la petición de Sara. Porque, ¿qué culpa tenía Ismael de los hechos de sus padres? ¿Qué culpa tenía Agar de ser entregada a Abraham como madre sustituta, siendo ella una sierva sin opción de negarse? Obviamente ninguna. Los responsables de esta engorrosa situación eran únicamente ellos y debían subsanarla. Abraham deseaba que Ismael se quedara y Sara exigía que se marchara. Las opiniones divididas dañan profundamente las condiciones de desarrollo del Reino de Dios en la tierra. Cuando las posiciones opuestas se enfrentan sin buscar un consenso la tirantez creada provoca aspereza, resentimiento y separación. Estos tipos de conflictos deben ser evitados a toda costa, y para eso debemos vivir en la voluntad de Dios que es la única que proporciona fluidez, amor y unidad. Abraham sentía su corazón de padre destrozarse.

Tal vez nunca hemos entendido que Dios utiliza los obstáculos y pruebas para encontrar oportunidades y soluciones. Esta característica de Dios es tan real como frecuente. Si en lugar de perseguir sueños contabilizáramos la realidad que nos circunda, descubriéramos que no hay nada más activo en el mundo que el poder y voluntad de Dios. Personalmente, cuando recuerdo los incontables sin sentido e imprudencias que he cometido, algunas de las cuales accidentalmente me pusieron en peligro de morir, me doy cuenta de que el propósito de Dios para este día me salvó.

Una constante en la actitud de Dios es su sensibilidad hacia los sufrimientos humanos. Él siempre llega donde un alma llora, el corazón sufre o la vida duele. Hasta el día de hoy hace lo mismo (Juan 5:17). Aquí comienza la recta final, las pruebas supremas de la consagración de Abraham como amigo de Dios y padre de la fe. Hasta este momento los acontecimientos en la historia del ministerio de su crecimiento en fe, obediencia y entrega habían estado relacionados con su entorno exterior, pero ahora le heriría en lo más profundo: sus hijos, su sangre, y su legado.

Abraham sufría, pero Dios consuela, y su palabra suave y preciosa le llegó con promesas de cuidado y prosperidad, para provocar la obediencia, disipar los temores y facilitar el cumplimiento de los propósitos divinos (Génesis 21:12). Ya él tenía la experiencia de los resultados por no seguir los mandatos de Dios, y sabía que sin importar lo duro que pareciera, lo que Dios dispone siempre es la mejor opción. Al día siguiente Abraham preparó provisiones para Ismael y Agar y con todo el dolor del alma, pero también con toda la paz de Dios en el corazón, los dejó partir. Aquel hombre que en el pasado no abandonó su sobrino a pesar de todos los contratiempos que le causaba y la orden expresa de Jehová de dejar su parentela (Génesis 12:1), se había convertido en un siervo obediente a través del proceso espiritual, y ahora lo vemos apartarse de su hijo -aún más cercano y querido que un sobrino- aceptando la voluntad de Dios en los planes de su vida. La fe de Abraham tomaba forma de obediencia y cumplimiento.

## La prueba suprema

Abraham se había separado de su primer hijo, Ismael, pero tenía certeza que viviría porque Dios lo había prometido, y eso lo consolaba, pero la próxima prueba sobrepasaría todas las barreras humanas posibles, y si la superaba entraría en el pináculo de la fe y su nombre sería mencionado por los siglos de los siglos.

Después de años turbulentos, la vida transcurría apaciblemente y parecía que al fin todas las vicisitudes habían quedado en el pasado, pero faltaba el último paso para entrar en el círculo íntimo de Dios. Abraham debía andar la milla extra del compromiso con Dios y comprender que la fe está por encima de la prudencia y precaución que recomienda la sabiduría de la experiencia. Nuestro enfoque no debe estar en la promesa, sino en quien la hace. Perseguir la promesa como tal es andar por vista, pero enfocarse en quien hace la promesa es caminar en fe. Dentro del patrón de pensamiento humano, para tener más hay que dar menos, pero en el razonamiento espiritual mientras más das, más recibes.

"Dios llamó a Abraham y le dijo: Toma a tu hijo, tu único, Isaac, a quien amas, y vete a tierra de Moriah, y ofrécelo allí en holocausto sobre uno de los montes que yo te diré" (Génesis 22:2). La consternación de Abraham debió ser indescriptible por esta petición. Primeramente, Jehová dijo: toma a tu único hijo Isaac, ¿cómo era posible esto, si él tenía otro hijo, Ismael? La explicación es sencilla, Dios había dejado a Ismael fuera de la descendencia de Abraham, porque era el hijo de la desesperación carnal y no el fruto de la paciencia del espíritu. Ahora, todo el peso de la promesa descansaba sobre Isaac, que había sido concebido específicamente para cumplir ese propósito. Entonces, ¿cómo ofrecerlo en holocausto? Además, hay una gran diferencia entre sacrificio y holocausto en cuanto a ritual religioso se refiere. El sacrificio es traer un animal vivo a morir en el altar, pero en el holocausto, además de sacrificar el animal vivo, después había que quemarlo completamente ante Jehová. Y para hacerlo aún más difícil, el sacrificio debía ser en un lugar que estaba a tres días de camino. Todo estaba planeado en detalles. Dios siempre tiene preparado el futuro. El propósito de los tres días de camino era darle tiempo a Abraham para meditar sobre lo que estaba ocurriendo, hacia donde se dirigía y, sobre todo, lo que se le demandaba hacer, y luego, decidir racionalmente si Dios tenía derecho a pedirle el único hijo que le quedaba.

Tengamos en cuenta que Dios pudo ordenar sacrificar a Isaac en el lugar que estaban, pero a veces las órdenes inmediatas reciben una respuesta rápida de la que después nos arrepentimos. Un pastor contaba que él realizó varias campañas evangelísticas de avivamiento en su Iglesia, y que los servicios de la campaña llenaban la Iglesia y cientos se entregaban al Señor. Pero cuando la campaña finalizaba, solo dos o tres y a veces ninguno, volvían a visitar el templo, porque se habían entregado bajo la emoción, no por convencimiento. Yo recuerdo en mis años juveniles, cada vez que veía una película de Bruce Lee, al salir del cine, quería ser especialista de artes marciales, pero al día siguiente, era asunto olvidado. Esto sucede muy a menudo. Bajo la influencia emocional del momento podemos cometer actos que no se originan en un convencimiento de conciencia profundo. Por eso Dios le ofreció a Abraham la oportunidad de mostrar la firme convicción de su fe dándole tiempo para orar, meditar y decidir.

Al siguiente día, Abraham partió a cumplir la voluntad de Dios. La madurez se ve porque se muestra. Al tercer día, alzó Abraham sus ojos, y vio el lugar de lejos (Génesis 22:3,4). Fueron tres días cruciales de solidificación en la fe. Posiblemente, cada día del trayecto, al despertar en la mañana, en el transcurso del día o en la noche, Abraham se debatía entre regresar y conservar su hijo, o llevar a Isaac al sacrificio y entregárselo a Dios, pero decidió continuar avanzando en obediencia a Jehová, entendiendo que su voluntad es el mejor camino para seguir. La expresión "al tercer día" es muy notoria, porque al tercer día después de su muerte, Jesús resucitó, fueron abiertos los ojos de los discípulos y percibieron la realidad del Reino de los Cielos (Juan 20:19-29). Al tercer día ya ha desaparecido la influencia fútil de la emoción y sale a relucir el convencimiento de lo que debemos hacer. Al fin prevalecía la fe que convence del derecho y autoridad total de Jehová sobre los destinos humanos.

No es ninguna coincidencia que en la tierra de Moriah se encuentre también el Gólgota o Monte Calvario, donde fue sacrificado en la cruz nuestro Señor Jesús. Se puede asumir que, cuando Jehová le especificó a Abraham que hiciera el "holocausto sobre uno de los montes que yo te diré", lo condujo hasta el mismo lugar de la crucifixión. La historia bíblica, que es la historia de la relación entre Dios y los hombres, abunda en alegorías y simbolismo de eventos transcendentales que irían a suceder más adelante. Por tanto, los hechos relacionados con el sacrificio de Isaac son la anunciación de lo que sucedería con El Salvador varios siglos después. Antes de dirigirse al lugar señalado, Abraham instruyó a los siervos que lo acompañaban que esperaran a los pies de la montaña, mientras "yo y el muchacho iremos hasta allí y adoraremos, y volveremos a vosotros" (Génesis 22:5). Es muy elocuente la fraseología en este verso. Adorar es una forma de sacrificio, entregar un hijo, presentar un hijo, bautizar un hijo, es un sacrificio de adoración. Poner nuestros destinos en manos de Dios, consagrarnos en cuerpo, alma y espíritu y por encima de todas las cosas seguir las enseñanzas de Jesús en los evangelios, es un sacrificio de adoración.

Abraham iba a ofrecer una adoración sacrificial de obediencia y entrega total y termina diciendo: "Y volveremos a vosotros". Podemos preguntarnos: ¿Abraham

sabía que Dios no permitiría la muerte de Isaac? Hay un antecedente en Génesis 18:17,18 donde Dios reveló a Abraham que destruiría Sodoma y Gomorra antes de hacerlo. Tal vez aquí pudo haber pasado lo mismo, pero entonces no tendría sentido el sacrificio, porque antes de hacerlo ya conocía el resultado. O, pensando de otra manera, ¿Abraham tenía fe en la misericordia de Jehová evocando como salvó a Lot de la destrucción de las dos ciudades? Quizás. Lo que sí podemos estar seguros es que después de adorar a Dios en espíritu y verdad, se regresa sano y salvo de cualquier sacrificio. Y eso, ya Abraham lo había aprendido. Los planes de Dios no se cumplen según las circunstancias que aparecen inesperadamente en el camino, sino que están programados en el diseño del futuro desde antes de la fundación del mundo.

Tomada la leña del sacrificio, fue puesta sobre Isaac para que la llevara hasta el altar, así como Jesús llevó la cruz en la que iba a ser sacrificado hasta el Monte Calvario, posiblemente en ese mismo lugar. Abraham, que oficiaría de sacerdote, tomó el fuego que purifica y el cuchillo que ejecuta. Ya estaba decidido, a Dios lo que a Dios pertenece. Jehová dio, y Jehová quitó; sea el nombre de Jehová bendito (Job 1:21). "Y fueron ambos juntos" (Génesis 22:6). Acorde a los datos geológicos de la zona donde se encuentra el Monte Moriah, la altura en esa área es de setecientos cuarenta y tres metros, y aunque la Biblia no establece claramente que hayan ascendido hasta la cima, se supone que debieron subir una distancia considerable. Ir juntos significa mucho más que ir uno al lado del otro o en un mismo grupo, es ser núcleo compacto e imbricado avanzando en la misma dirección persiguiendo los mismos objetivos. Abraham e Isaac iban unidos en el mismo propósito de consumar uno de los mayores actos de adoración que narra la Biblia. Nada más hermoso que padre e hijo yendo al sacrificio voluntariamente por obediencia, uno a sacrificar y el otro a sacrificarse. Igualmente, Jesús sufrió la cruz para hacerse obediente al Padre hasta la muerte, y muerte de cruz (Filipenses 2:8; Hebreos 12:2). Vayamos también nosotros unidos en obediencia al Padre hasta la muerte, con la ventaja que nosotros sí sabemos el resultado.

"Entonces habló Isaac a Abraham su padre: Padre mío, y él respondió: Heme aquí, mi hijo" (Génesis 22:7). Un detalle revelador en este versículo es la forma en que se diferencian las dos maneras en que se usa la palabra padre. La primera vez es descriptiva, narrando que Isaac habló con Abraham, y comienza con letra minúscula, señalando humanidad, pero la segunda vez, la palabra padre se percibe suplicante y tierna, comenzando con mayúscula, denotando una referencia a Dios. En sus temores de niño, Isaac se dirigió a su padre terrenal Abraham, pero en la angustia de su espíritu clamaba al Padre celestial, Jehová: Padre mío. Jesús también, en medio del dolor de su sacrificio, clamó al Padre: "Dios mío, Dios mío ¿Por qué me has desamparado? (Mateo 27:46).

Abraham le respondió inmediatamente: "Heme aquí, mi hijo". La expresión *heme aquí* la encontramos al menos en diecisiete pasajes de la Biblia, e invariablemente, sin importar el contexto en que se encuentre, manifiesta una actitud de disposición a la obediencia y servicio en la manera de, estoy a tu entera disposición para lo que sea necesario hacer. ¿Qué no estaría Abraham dispuesto a hacer por su hijo Isaac? Seguramente él desearía ofrecerse como víctima del holocausto en lugar de su hijo, pero obediencia implica seguir las instrucciones al pie de la letra. Así dijo Dios, así se hará. Isaac estaba inquieto porque veía que estaba el fuego y la leña para el holocausto, pero ¿dónde estaba el cordero? Él no lo sabía, pero el cordero estaba preparado en el seno del Padre esperando su momento para ser sacrificado por la salvación de la humanidad.

El siguiente versículo muestra el otro aspecto de la relación padre hijo: "Y Abraham respondió: Dios se proveerá de cordero para el holocausto, hijo mío. E iban juntos" (Génesis 22:8). Aquí el orden de las dos palabras en la expresión *hijo mío* es inverso al versículo anterior, porque ahora acentúa el aspecto protector paternal, asegurando que Dios, el verdadero Padre, se proveerá de cordero, sustituyendo la inseguridad con esperanza. Debemos saber que cuando Dios provee para sí mismo, también está proveyendo para nosotros.

Llegados al lugar señalado, Abraham construyó un altar, preparó la leña y colocó a Isaac encima, listo para efectuar el sacrificio (Génesis 22:9,10). ¿Cómo se sentiría Isaac en esa situación tan indefensa y desoladora? ¿Cómo se sentiría Abraham debatiéndose en medio de un conflicto interno tan desgarrador? Cuando se agolpan a un mismo tiempo y ante un solo hecho tantos sentimientos de tristeza y dolor, y no hallamos la explicación, solución o salida, únicamente del cielo puede venir la provisión. Entonces aparece el ángel de Jehová, que es el mismo Espíritu de Jesús antes de su encarnación en el vientre de María. En teología estas intervenciones o apariciones se conocen como teofanías o cristofanías. Estas ministraciones milagrosas de Jehová traen consigo perdón, misericordia, ayuda, consuelo y salvación. Anteriormente había aparecido a Agar dos veces, primero para consolarla con respecto a Sara (Génesis 16:7-11) y después para salvar a Ismael (Génesis 21:7). Ahora aparecía para liberar a Isaac (Génesis 22:11). Roguemos que el ángel de Jehová encarnado en nuestro Señor y Salvador Jesucristo aparezca en nuestra vida para obrar milagros de perdón y salvación.

Entonces el ángel de Jehová dio voces desde el cielo a Abraham ordenándole que no le hiciera daño a Isaac, porque ya había comprobado que temía a Dios al no dudar en entregar en sacrificio de holocausto a su único hijo. La redacción de este verso no deja lugar a dudas que el ángel de Jehová y Dios son la misma persona, cuando dice: "ya conozco que temes a Dios, por cuanto no me rehusaste tu hijo, tu único" (Génesis 22:12). "Entonces alzó Abraham sus ojos y miró, y he aquí a sus espaldas un carnero trabado en un zarzal por sus cuernos; y fue Abraham y tomó el cordero, y lo ofreció en holocausto en lugar de su hijo" (Génesis 22:13).

La Biblia enseña que todo apunta hacia lo alto. La voz poderosa del ángel de Jehová que trajo la misericordia y el perdón sobre Isaac vino *desde el cielo*. Abraham alza sus ojos, mira y encuentra un cordero trabado en un zarzal por los cuernos, pero ¿cómo es posible alzar los ojos y ver algo que está en el suelo? Fue Dios que se lo mostró, porque toda provisión viene de lo alto, del trono de la Gracia, donde está sentado Jesús a la diestra del Padre. La realidad es que el cordero estaba allí desde antes que ellos llegaran al lugar para ofrecer el sacrificio, pero solo después de demostrar su disposición a entregar en sacrificio lo más amado y preciado de su vida, su hijo Isaac, fue que se le mostró la provisión divina. Porque únicamente cuando sacrifiquemos ante Dios las áreas más amadas y preciadas de nuestras vidas es que veremos la provisión del cielo. Él no quiere quitarnos nada, solo saber que estamos dispuestos a entregárselo todo por obedecer su voluntad. "Y llamó Abraham el nombre de aquel lugar, Jehová proveerá" (Génesis 22:14). Esta es una declaración de profunda confianza en que todo lo necesario será suplido por Dios para sus hijos. En nuestra vida, el lugar en que Dios nos suplirá es donde quiera que "presentemos nuestros cuerpos en sacrificio vivo, santo, agradable a Dios, que es nuestro culto racional" (Romanos 12:1). Solo confiemos y esperemos en Él.

Abraham había al fin logrado el estado de santidad por obediencia siguiendo la fe. Comienza, a partir de este momento, el período de la realización práctica del cumplimiento de la promesa. La obra de Dios avanza sobre terrenos de santidad espiritual en obediencia personal real. También, ahora la fe tomaba un giro empírico, apoyada en las evidencias de los hechos y no solamente en la intuición espiritual. Abraham se considera el padre de la fe porque fue el primero que plantó los hechos que sirven de fundamento a todos los actos de fe posteriores. En otras palabras, el ejemplo de Abraham es la base de la fe.

La fe en Dios no es fanatismo, nuestra fe es real porque no creemos en cuentos de hadas ni en fábulas con moraleja (2 Pedro 1:16), sino en hechos históricos verídicos (1 Juan 1-4). Nosotros tenemos fe que Jesús regresará por su Iglesia porque ya el vino una vez a establecerla. Si vino una vez, ¿qué puede impedirle regresar? La obediencia a Dios no debe ser considerada una molestia, un obstáculo o contratiempo, sino el único medio para alcanzar la santidad, que es el peldaño más alto en la escalera al cielo, y significa seguridad de salvación y vida eterna. La santidad es la integración armoniosa de los Dones de Poder del Espíritu (1 Corintios 12:1-10), los Dones de Servicio (Romanos 12:1-21) y el Fruto del Espíritu (Gálatas 5:22,23) en la vida del creyente, situándolo en una posición espiritual ungida y victoriosa, donde Dios es glorificado. En el Espíritu de revelación el apóstol Pablo presentó está actitud de fe como "Todo lo puedo en Cristo que me fortalece" (Filipenses 4:13). Esta definición paulina habla más de fe que de poder, como comúnmente se cree, porque la fe en Cristo es la que hace que todo sea posible. Espiritualmente, poder no es la capacidad de hacer por nosotros mismos, sino la realidad que se cumple en la voluntad de Dios.

Un repaso a la vida de Abraham nos lleva por el recorrido de un hombre que, habitando en un lugar de adoración pagana, comenzó su ministerio por revelación espiritual, y fue superando infinidad de inconvenientes dirigido por Dios, que nunca le soltó la mano. En este proceso de crecimiento espiritual, Abraham fue, desde la incomprensión hasta el convencimiento y total sometimiento. Dios, en el ejemplo de Abraham, estableció el método oficial para recuperar la santidad por entrega en obediencia a su voluntad.

## Isaac, el facilitador de la promesa

La promesa que Jehová le había hecho a Abraham incluía una tierra (Génesis 12:1), una nación (Génesis 12:2; 13:14-16) y un hijo (Génesis 15:4; 18:10). Durante su vida, Abraham habitó en la tierra prometida, Canaán, pero no la poseyó, ni llegó a formar una nación, él solamente vio cumplirse la promesa del hijo. ¿Entonces, diremos que Jehová incumplió con las promesas que hizo a Abraham? De ninguna manera. Dios cumplió cada una de sus promesas, como siempre ha hecho, hace y seguirá haciendo. La realidad es que las promesas hechas por Dios para cumplir sus planes y propósitos son establecidas en su visión de tiempo eterno, que pueden tomar varias generaciones humanas para que se concreten en la realidad. Abraham recibió el hijo, el hijo extendió la promesa al nieto de Abraham, Jacob, de la descendencia del cual se formó la nación de Israel, que fueron quienes conquistaron la tierra prometida. De esta manera, Jehová sí cumplió sus promesas, pero no todas en la vida de Abraham.

Después de los trascendentales eventos en el monte Moriah, Abraham regresó con Isaac a su vida regular en Beerseba. Durante este tiempo, Abraham recibió noticias de la descendencia de su hermano Nacor (Génesis 22: 20-24), murió su esposa Sara (Génesis 23:1,2), se casó con Cetura, la cual le dio seis hijos (Génesis 25: 1,2), pero toda la herencia le perteneció a Isaac, porque era el hijo legítimo de la promesa nacido de Sara, la esposa de Abraham reconocida por Jehová como tal. Pero Isaac no fue un elemento activo en la continuidad de la promesa, el actuó como facilitador del escenario donde otros actores desempeñarían los papeles protagónicos de la historia. No todos estamos llamados a ser *súper héroes*, muchos, seremos solamente *héroes*.

Isaac, al igual que su padre, y a pesar de conocer su responsabilidad delante de Dios, abandonó la tierra prometida, que era su posición en el plan de Dios (Génesis 26:1-6). Cuando vinieron las dificultades, mintió para salvarse (inseguridad espiritual) cuando pudo estar en peligro por la belleza de su esposa Rebeca (Génesis 26:7), pero era un esposo fiel, de hecho, fue el único patriarca que tuvo una esposa. También era un hombre de oración, que imploró a Dios para tener hijos, porque al igual que su madre Sara, Rebeca, su esposa, era estéril. Dios le concedió su deseo con hijos gemelos, Esaú y Jacob, lo cual significa una doble bendición (Génesis 25:21-26). Es importante resaltar la recurrencia bíblica sobre las mujeres estériles que rogaron a Dios por hijos (1 Samuel 1:11; Jueces 13: 2-5), y gracias a la intervención divina les fue concedido su deseo con niños que cumplieron tareas especiales en el plan de Dios. Estos niños, según el entendimiento de los pueblos en los tiempos bíblicos, no eran considerados normales, sino que venían marcados con el favor de Dios. Esto no quiere decir que Dios, para hacer cumplir su plan divino, necesita personas especiales, sino que envía personas dispuestas a servir. Cada creyente tiene su posición y misión en la obra de Dios.

El nacimiento de Esaú y Jacob tiene una particularidad notoria que lo hace diferente y especial. En un parto normal de mellizos, los niños nacen con cierto tiempo de diferencia entre ellos, porque hay un período de preparación que dura varios minutos para que el segundo niño se acomode y se coloque en el canal de salida. Pero la Biblia describe que Esaú y Jacob nacieron al mismo tiempo, ya que Jacob tenía su mano trabada en el pie de su hermano, por eso, no nacieron separados, sino unidos, uno detrás del otro, como una cadena de dos eslabones. No es lo mismo detrás que después. Visto de esta manera, se puede decir que cualquiera de los dos podía tener el derecho de primogenitura, pero se le adjudicó a Esaú sólo por el lugar en el orden del nacimiento durante el parto, no por que hubiera una brecha de tiempo definida entre ellos que determinara quién era primero y quién segundo.

Al ser adultos, Esaú se convirtió en cazador, y la mayor parte de su tiempo la pasaba cazando (materialismo), mientras Jacob era más apegado a los asuntos colectivos (espiritualidad). Sucedió que un día Jacob cocinó un potaje, y Esaú regresó del campo cansado y con hambre, y le pidió de comer a su hermano, quien le propuso que le vendiera la primogenitura a cambio de la cena. Olvidando la herencia humana y toda responsabilidad espiritual, Esaú vendió su primogenitura por un plato de comida, diciendo: He aquí yo me voy a morir; ¿para qué, pues, me servirá la primogenitura? Una visión común de la vida en las personas carnales es que no hay vida después de la muerte. No hacen algún sacrificio pensando en la vida eterna que Dios promete a los que entreguen su vida a Jesús como Señor y Salvador por fe en el sacrificio eterno y suficiente que El hizo en la cruz para el perdón de nuestros pecados. Desdeñan la salvación como algo irreal. El creyente cristiano debe tener convencimiento espiritual del Reino de los Cielos, y entender que sólo a través de Cristo adquirimos nuestro derecho de primogenitura, al nacer del agua y del Espíritu, y ser hechos nuevas criaturas y confirmados con la adopción como hijos de Dios juntamente con Cristo. Nosotros no podemos despreciar nuestra primogenitura porque ese es el derecho hereditario a la salvación junto con Cristo, el Hijo Unigénito.

A partir de este momento cambió el orden espiritual en la continuación de la promesa de Dios y el lugar de Esaú fue ocupado por Jacob, convirtiéndose en el depositario de la herencia espiritual. Al envejecer Isaac, Jacob, en complicidad con su madre Rebeca, para eludir el costumbrismo social establecido, utilizó engaño vistiendo las ropas de su hermano Esaú para conseguir la bendición paternal de la primogenitura, ya que realmente estos derechos de primogénito le pertenecían porque Esaú se los había vendido. Básicamente, Jacob sólo maniobró inteligentemente para ser bendecido con el derecho que ya había comprado.

En Abraham vemos que Ismael, el primer hijo, fue desechado porque era el hijo de la carne, y el segundo hijo, Isaac, el hijo de la promesa, fue el que recibió la bendición de ser el responsable de continuar con el plan de Dios para su pueblo. En Isaac vemos como Esaú, el primogénito, porque nació delante, no recibió la confirmación de sus derechos porque los había vendido a su hermano Jacob, que nació detrás. Lo que importa no es la posición natural que nos toque en la vida, sino la disposición de asumir la responsabilidad espiritual que Dios nos asigne. Con respecto a la aprobación de Dios, ser el primero no significa ser el uno, o ser el uno no significa ser el primero, porque no depende de números ni de posición, sino de consagración, fe y obediencia a la voluntad y plan de Dios. Para ser los unos y los primeros, no podemos despreciar o vender nuestro derecho espiritual de hijos de Dios adquirido en el nuevo nacimiento en el Espíritu (Juan 3:5) como hijos adoptados por Dios (Romanos 8:15). Por eso, en quien únicamente podemos ser uno y primero es en Jesús, que es el único Hijo unigénito de Dios, sin número ni posición, sino eterno, omnipotente, omnisciente y omnipresente, que jamás cedió, vendió o perdió esos derechos. Sólo en Jesús podemos reclamar nuestros derechos hereditarios de hijos primogénitos basados en el sacrificio de salvación que hizo en la cruz para reconciliarnos con el Padre por medio de su sangre.

## Jacob, el propiciador de la promesa

Abraham, después de la muerte de Sara, tomó por mujer a Cetura, con la cual tuvo seis hijos, pero se aseguró que todos sus bienes personales los recibiera Isaac. Pero en el sentido espiritual vemos que, antes de su muerte, Abraham no hizo ninguna acción o ceremonia dedicada a traspasar o ceder la promesa a Isaac, sino que sucedió como algo natural, y en esta continuidad de la promesa, Isaac no realizó ningún hecho relevante, fue un hombre de familia que solamente facilitó los próximos protagonistas de la historia, Esaú y Jacob.

No sucedió de la misma manera con Jacob. Legalmente, a él no le pertenecían los derechos de la promesa, pero él los deseaba para realizarlos, y por tanto, logró alcanzarlos. Isaac su padre, cuando se sintió viejo y próximo a morir, bendijo a Jacob pidiéndole a Jehová: "Y el Dios omnipotente te bendiga, y te haga fructificar y te multiplique, hasta llegar a ser multitud de pueblos; y te de la bendición de Abraham, y a tu descendencia contigo, para que heredes la tierra en que moras, que Dios dio a Abraham" (Génesis 28:3,4). Darle la bendición de la primogenitura, representaba no solamente adquirir los bienes materiales de la familia, sino también la responsabilidad de continuar el legado paternal. Específicamente, Jacob recibió las mismas promesas que Abraham recibió de Jehová, una tierra, una nación y una bendición (Génesis 12:1-3). Estas promesas no eran un regalo, sino una tarea, cumplir el próximo paso en el plan del establecimiento de la santidad de Dios a través de la nueva nación que surgiría por voluntad divina. Tal vez podríamos reprochar el método de Jacob para obtener la bendición de Isaac, pero en este caso se cumple una máxima que dice que el fin justifica los medios. Esaú no valoraba el ministerio espiritual, pero Jacob lo deseaba tanto, que hizo todo lo posible por alcanzarlo.

## Confirmación de la promesa

El estado emocional de Jacob no era nada envidiable. Había utilizado a su padre, el hermano lo quería matar y se encontraba solo en medio del desierto dirigiéndose a casa de su tío para casarse con una de sus primas. Recordemos que Abraham envió a su siervo de confianza a buscar una esposa para Isaac, pero ahora es el mismo interesado, Jacob, quien tiene que ir a buscarla. Es conocido que cuando los caminos humanos terminan, la solución viene del cielo. Jacob podía creer que su posición era dudosa por la manera en que había obtenido los derechos de primogenitura. Tal vez pensaba que Dios no aprobaba lo que había hecho y la inseguridad posiblemente estaba consumiéndolo. Por eso necesitaba confirmación divina para él y también para los demás. ¿Cómo podría estar seguro de que lo que hacía era voluntad de Dios sin una revelación divina? ¿Cómo podría su descendencia confiar en él como heredero de la promesa si Dios no lo confirmaba?

Durante una de las noches del viaje, Jacob se echó a dormir y recibió el sueño de la verdad celestial más grande vista por un ser humano hasta ese momento, una escalera que llegaba desde la tierra al cielo. Anteriormente, los hombres habían intentado llegar al cielo construyendo la Torre de Babel, pero Dios interrumpió el proyecto porque al cielo no se llega por voluntad propia, sino por permisión divina.

La escalera de Jacob es una revelación de que la tierra está conectada al cielo, desde donde Jehová envía mensajeros a mostrar su presencia, intervención e intención expresa de involucrarse en los asuntos humanos terrenales para hacer cumplir su voluntad soberana y santa entre los hombres. La confirmación no se manifestó debido a los méritos de Jacob, ni a sus habilidades para obtener los privilegios de la primogenitura, fue gracias al amor eterno de Dios, comprometido con la restauración de la santidad en el hombre, para restablecer la comunión perdida.

Como resultado de este encuentro personal con Dios nace un nuevo Jacob, totalmente comprometido con el cumplimiento del pacto, dichas en sus promesas a Dios:

1. Jehová será mi Dios (adoración personal)
2. Este lugar será casa de Dios (adoración universal)
3. Apartaré el diezmo para ti (acción de gracias)

Siempre que tengamos un encuentro con Dios, a partir de ese momento todo tendrá un sentido y significado diferente. El mundo se convertirá en un lugar completamente nuevo, después de la nueva perspectiva adquirida en esa experiencia espiritual maravillosa. Dios hace el milagro de desconectar el nervio visual de nuestro cerebro y conectarlo al Espíritu Santo, para permitirnos captar las fuerzas espirituales que obran detrás de las acciones humanas. Esta es la verdadera visión espiritual del creyente, poseer el don de discernimiento de espíritus (1 Corintios 12:10).

# CAPÍTULO 4

# SEGUNDA PARTE DE LA PROMESA, LA NACIÓN

Jacob continuó su viaje y llegó a Harán, donde vivía su tío Labán, para casarse con una de sus hijas. Pero no todo sale como se desea, porque el plan de Dios a menudo es interferido por decisiones humanas, guiadas por intereses materiales que crean conflictos circunstanciales y entorpecen el fluir de los propósitos divinos. Nunca, actuando en la carne, obtendremos resultados espirituales. La única manera que la carne y el Espíritu pueden estar unidas es cuando la carne se sujeta al Espíritu. Es imposible ser cincuenta por ciento espirituales y cincuenta por ciento carnales, o tener setenta por ciento de Espíritu y treinta por ciento en la carne. La única posibilidad proporcional entre el Espíritu y la carne en el creyente es cero por ciento carnal y cien por ciento espiritual. La carne y el espíritu son incompatibles. Abandonemos la carne, que es separación y muerte, y vivamos en el Espíritu que es comunión y vida con Dios.

Luego de las presentaciones requeridas, las explicaciones necesarias y las relaciones afectivas establecidas, Jacob se enamoró de Raquel, la hija menor de Labán y la solicitó en matrimonio. Pero como no tenía dote que dar, ofreció a Labán trabajar siete años por

Raquel (Génesis 29:15-18). Después de este tiempo, en la noche de bodas, Jacob es engañado, y en lugar de su amada Raquel, le es entregada Lea, la hija mayor de Labán, para cumplir con la tradición de mantener el orden de mayor a menor en el casamiento de los hijos e hijas. Aunque, después de cumplir su semana de deberes conyugales (luna de miel) con Lea, también le fue entregada Raquel, como era permitido por las costumbres de esa época. Pero tuvo que trabajar otros siete años por Raquel. Jacob se enfrentaba con la realidad de la vida, trabajar para obtener, confiar para recibir decepciones, amar para sufrir. Quedaba atrás la felicidad del hogar paterno y comenzaba la tarea de construir su propia familia, destinada a convertirse en el pueblo de Dios. En esta nueva etapa Jacob comienza a tener hijos, pero su descendencia nace en medio de rivalidad, esterilidad, competencia y conflictos.

Lea, la esposa impuesta, le dio los cuatro primeros hijos a Jacob: Rubén, Simeón, Leví y Judá. Por el otro lado, Raquel, la esposa amada, no había tenido hijos porque era estéril, y sentía envidia de su hermana. Entonces, haciendo uso de la costumbre de esos tiempos, entregó su esclava Bilha a Jacob para tener hijos de ella, la cual le dio dos hijos, Dan y Neftalí. Al ver esto, Lea entregó su esclava Zilpa a Jacob para tener más hijos, y tuvo dos, Gad y Azer. Además, Lea concibió otras dos veces de varones, Isacar y Zabulón y una vez de hembra, Dina, dándole en total a Jacob ocho hijos y una hija. Al final, Jehová escuchó los ruegos de Raquel y le concedió dos hijos, José y Benjamín. Estos son, en total, los doce hijos de Jacob, a partir de los cuales se formaron las doce tribus que conformaron, y aún conforman, el pueblo de Israel. Si a esta conducta promiscua y desordenada que tuvo lugar en la descendencia de Jacob, le aplicamos el patrón de discernimiento divino mostrado

en la descendencia de Abraham con Sara y Agar, los únicos hijos dignos de la continuación en la formación del pueblo escogido de Dios según la promesa serían José y Benjamín, que fueron los únicos fruto de la relación entre la esposa amada, Raquel, la que Dios señaló, y Jacob, el depositario de la promesa. Pero Dios no cambia sus objetivos, ajusta los métodos para lograrlos. La insistencia de Dios en reinsertar la santidad en los seres humanos no es un capricho, es un requisito indispensable en el restablecimiento de la comunión espiritual y relación personal con nosotros, porque el núcleo de toda la función divina emana de la intrínseca naturaleza santa, pura e inmaculada de la deidad, y nada que no sea santo es tolerable en su presencia (Hebreos 12:14).

Los hijos de Jacob habían nacido y crecido en Harán. Ahora el nuevo reto para continuar con el cumplimiento de la promesa era regresar a Canaán, la tierra prometida, donde habitaba Isaac su padre, y establecerse allí. Pero nada agradable para Dios estaba a la vista, porque a pesar de su actividad y presencia en la vida de Jacob y Raquel, las malas costumbres persistían. Las relaciones entre Jacob y Labán eran en extremo difíciles, y la incomodidad provoca movimiento. Así que Jacob habló con sus esposas Lea y Raquel y las persuadió de salir hacia Canaán. Recibe entonces la orden de Dios de regresar "a la tierra de sus padres, y a tu parentela, y yo estaré contigo" (Génesis 31:3). Pero, y siempre hay un pero, el proceder durante el regreso no fue el más adecuado. Primero, Jacob dejó el campamento sin avisar a Labán. La Biblia dice que huyó (Génesis 31:21), lo cual era considerado un engaño. Segundo, Raquel robó los ídolos de su padre (Génesis 31:19), lo cual es hurto e idolatría. Tercero, como si fuera poco lo que habían hecho Jacob y Raquel, sus hijos engañaron y asesinaron a todos los hombres de la ciudad de Siquem para vengar la deshonra que había cometido contra Dina su hermana el hijo de Hamor, Siquem (Génesis 34 1-31).

Todos los hombres que Dios había utilizado intentando restaurar la santidad, habían fallado. La historia bíblica del pueblo de Israel, su mal comienzo y su mala trayectoria, así como Dios trató con ellos hasta proporcionar la salvación en la cruz del Calvario, es la misma historia nuestra que, a partir del mal comienzo y mala trayectoria antes de conocer a Jesús, Dios nos trata de manera tal que nos lleva a la cruz del Calvario para recibir el perdón de pecados y alcanzar salvación y vida eterna. Solo Dios concibe planes así.

Jehová fue inmensamente misericordioso con Jacob, y a pesar de sus pésimas actitudes personales, lo envió a Bet-el para protegerlo de la posible persecución y venganza de los pueblos vecinos. Quizás podamos pensar basados en las bendiciones que recibimos, que Dios se agrada de nosotros, pero realmente es porque la misericordia de Dios cubre nuestras faltas y la gracia divina nos otorga lo que no merecemos. Jacob reconoció cuánta benevolencia y perdón le había sido otorgada, y exigió a su familia y todos los que venían con él, que quitaran los dioses ajenos de entre ellos, se limpiaran, y cambiaran sus vestidos, para estar en condiciones de ofrecer un sacrificio al Dios que me respondió en el día de mi angustia, y ha estado conmigo en el camino que he andado (Génesis 35:2,3).

Estas tres acciones componen el ciclo de regeneración para que todo creyente esté listo para ofrecerse "en sacrificio vivo, santo, agradable a Dios, que es vuestro culto racional" (Romanos 12:1). Veamos:

1. Quitad los dioses ajenos de entre vosotros: Eliminar la idolatría. Idolatría no es solamente tener imágenes representativas de otros dioses y adorarlas, sino cualquier cosa que capte la atención de nuestra mente y la dedicación de nuestros intereses con más intensidad que la presencia de Dios. Por ejemplo, nuestro artista favorito, nuestra película preferida, el carro predilecto, el amor deseado o la felicidad buscada, por citar algunos. Las cosas materiales se convierten en ídolos cuando pasan de ser pertenencia a ser preferencia. El creyente tiene, antes de todas las cosas, que amar a Dios (Mateo 22:37), después amar a quien Dios ama, nuestro prójimo (Mateo 22:39), luego, a quienes aman a Dios, la familia de la fe (Gálatas 6:10), y finalmente, a nuestros enemigos (Mateo 5:44). Porque el que no ama, es como metal que resuena, o címbalo que retiñe (1 Corintios 13:1).

2. Y limpiaos: Aunque en el contexto de este pasaje bíblico, la frase "Y limpiaos" se refiere a la limpieza exterior del cuerpo,

lo que realmente debemos hacer es no ensuciarnos, para no tener que limpiarnos el interior de nuestro cuerpo, donde habita el Espíritu Santo, para no contristarlo. La limpieza espiritual es interna con proyección externa. Limpiamos lo de adentro de nosotros para que se refleje afuera hacia los demás. El baño diario es higiene, la limpieza interna constante es santidad. Eso demanda Jehová a su pueblo.

3. Y mudad vuestros vestidos: La manera de vestir es una muestra de la personalidad y el carácter del individuo. Las vestimentas de las personas antes de conocer a Cristo responden a una ética y estética no espiritual, y pertenecen a un tiempo que nunca debió ser, y debemos eliminar todo rastro de ese pasado. Nuestra apariencia social es el reflejo de la vida espiritual interior. Un corazón lleno de Dios, regenerado por la sabiduría divina y anhelando la habitación celestial, cambia su apariencia personal para agradar al Señor. Si no se observa un cambio, no ha ocurrido una transformación. Si continuamos igual, Jesús realmente nunca ha entrado en nuestras vidas.

Cualquiera pensaría que al fin la simiente de la promesa tomaría el camino de la santidad como fundamento para la formación del pueblo deseado y elegido de Dios, pero solo fueron esperanzas. La vida matrimonial de Jacob no fue santa, sino promiscua, provocando rivalidad entre sus dos esposas, Lea y Raquel, y sus dos concubinas, Zilpa y Bilha, y entre los doce hijos y una hija que tuvo con ellas. La paciencia infinita de Dios tenía, y tiene aún con nosotros, mucho trabajo que hacer. No se trata de falta de conocimiento, es debido a que no tratamos lo suficiente. Sabemos lo que demanda el Espíritu, pero, aun así, cometemos pecados (Santiago 4:17).

Finalmente, ya asentados en Canaán, después de reconciliarse con su hermano Esaú y tener su último hijo, Benjamín, en el parto del cual murió su esposa Raquel, Jacob manifestó una abierta preferencia hacia su hijo José, incurriendo en acepción de persona (Santiago

2:9), creando una situación de celos con los otros hermanos, que lo vendieron a unos mercaderes y lo llevaron a Egipto. Aunque en este momento nadie podría suponerlo, José sería parte del plan provisorio de Dios para su pueblo, en la visión eterna de la promesa salvadora para la humanidad. Los sueños de José enseñan algo interesante, lo mostraban por encima de sus hermanos, recibiendo el concepto final del plan, pero no lo que sucedería en el camino a lograrlo. El sueño no revelaba que sería esclavo, que iba a ser acusado falsamente de intento de violación, que estaría preso sin esperanzas de libertad, que llegaría a ser la segunda persona más importante en la corte de Faraón, o que vendría una hambruna y se levantaría como el salvador del mundo de esa época. La verdadera revelación era que Dios estaría con él (Génesis 39:2). Durante el espacio de tiempo que ocupemos en la dimensión física universal, pertenecemos a Dios. Cada próximo segundo que vivimos es una permisión en la trayectoria divina, para una tarea específica, como parte de las estrategias que facilitan el objetivo final. Todos integramos la planificación donde se concretan los hechos de su voluntad.

En los aproximadamente veinte años posteriores a que José fuera vendido por sus hermanos y llevado a Egipto, su vida fue un recorrido de lo más bajo a lo más alto, pasando en el intermedio por todas las vicisitudes posibles de los que son llamados por Dios a propósitos encomiables. Cumplido este tiempo, José disfrutaba de autoridad y poder, pero por sobre todas las cosas, la bendición de Dios reposaba sobre su vida. Ahí radicaba el secreto. Entonces sobrevino una hambruna por toda la tierra, incluyendo la tierra de Canaán, y sólo en Egipto había pan, como José había previsto, gracias a la revelación divina.

Por otra parte, durante el transcurso de este tiempo, debido al luto de Jacob por la pérdida de José, su hijo preferido y la culpabilidad oculta de sus hijos, la unidad de la familia patriarcal se había roto y la vocación espiritual por el cumplimiento de la promesa permanecía estancada. Además, ahora se enfrentaban al peligro de perecer por hambre, colocando en riesgo de desaparición la simiente de Abraham. Pero Jacob poseía un carácter de luchador forjado en el trabajo por sobrevivir durante los veinte años que habitó en Harán, en las tierras de Labán, su tío y suegro, y cuando escuchó que en Egipto había víveres, envió sus hijos a ir y comprar alimentos para sobrevivir (Génesis 42:2). Así Dios hace las cosas, sin importar cuánto nos alejemos, siempre enfrentaremos la culpa de nuestros malos actos. Ahora los diez hijos de Jacob tendrían que inclinarse ante José. Por mucho que intentaron cambiar el designio de Dios, todo se cumplió al pie de la letra.

Se podría culpar a José si lleno de venganza hubiera castigado a sus hermanos, pero él no ocupaba una alta posición por méritos personales, sino por propósito específico de Dios para servir de salvación y continuidad en esta etapa de la promesa. El amor de Dios prevalece por encima de todos los sentimientos humanos cuando de su obra se trata, y el castigo de malas acciones del pasado no iba a detener su promesa. No era momento de saldar cuentas, sino de abrir puertas. Para cumplir las metas espirituales, debemos arrebatarles los espacios a las pasiones personales, porque la única vía para amar es perdonar. José sufrió grandemente, pero la satisfacción de cumplir con los planes divinos alivia con creces todo dolor padecido. Así, la familia de José, la simiente del pueblo de Dios fue recibida, servida y atendida en Egipto. Además, Faraón les permitió establecerse en la tierra de Gosén, y allí crecieron y prosperaron hasta convertirse en una gran nación, llegando a representar un peligro social, político y económico para el imperio egipcio. Dios había mostrado todos estos acontecimientos en un sueño a Abraham (Génesis 15:12-16), y Dios no miente.

CAPÍTULO 5

# TERCERA PARTE DE LA PROMESA, CANAÁN

¿Cómo es posible que el único Dios verdadero, el más poderoso, dueño y Señor de todo cuanto existe, porque Él lo creó, permita que su pueblo escogido surja en un país extranjero y termine siendo esclavo en ese lugar? La respuesta es sencilla, por la desobediencia. Dios creó al hombre con el deliberado propósito de establecer y mantener una relación personal y directa con él basado en términos de libertad por obediencia, pero el hombre rompió una y otra vez las cláusulas de los tratos establecidos y eso lo condujo a la esclavitud. Progresivamente se fueron separando de la bendición divina y aunque Dios jamás cambia el objetivo final de sus planes, sí cambia los métodos y las personas escogidas para lograrlo. Dios cumple sus objetivos enseñando y guiando, haciendo comprender lo válido y positivo por encima de lo incorrecto y desviado. Para edificar hay que construir, no destruir.

La relación de Dios con el hombre a través de los tiempos ha sido dolorosa. Todo tipo de agravios han acontecido. Adán y Eva desobedecieron por vanidad (Génesis 3: 1-7), Caín cometió fratricidio por envidia (Génesis 4:8), Noé se embriagó (Génesis 9:18-29) y hubo idolatría en la Torre de Babel (Génesis 11:1-8). Abraham (Génesis 12:10-20), Isaac (Génesis 26:7) y Jacob (Génesis 27:6-29) usaron ardides engañosos para obtener beneficios y así podríamos hacer una lista interminable de los errores de todos los hombres que han existido. Esa es la razón por la cual se puede definir la Biblia como el manual de reparaciones del ser humano. Usualmente, cada equipo o instrumento viene con un manual de instrucciones para hacerlo funcionar correctamente, según fue diseñado. El hombre es un individuo defectuoso que no funciona acorde a su diseño original, por lo tanto, Dios escribió un manual, no de funcionamiento, sino de reparación. Allí señala los defectos humanos y enseña la solución divina para arreglarlo, la obediencia. El único modo de buen funcionamiento humano es la santidad, porque en ella fuimos creados y diseñados para disfrutarla. Fuera de la santidad todo es dolor, angustia, desesperanza y una feroz oscuridad nos envuelve cuando la abandonamos. Vivir en santidad es la manera más efectiva de ser feliz y la única posible para ser salvo.

El próximo hombre que Dios usó para continuar su plan de recuperación de la santidad fue Moisés. En medio de tiempos convulsos, donde los hijos varones nacidos de las mujeres hebreas habían sido condenados a morir al nacer, Dios obró a través de la madre y tía de Moisés, para que este pudiera sobrevivir y crecer en la corte de Faraón. ¿Por qué Dios no dirigió a esta madre a huir hacia un lugar fuera del control egipcio para que su hijo naciera libre y después usarlo para liberar los israelitas? Porque de esta manera Moisés hubiera crecido libre, pero ignorante, y la ignorancia no es útil en la obra de Dios. Por eso Dios organizó todo para que pudiera crecer en la corte de Faraón, que aprendiera las artes de la guerra y el saber necesarias para liderar, organizar, liberar y conducir el pueblo hebreo en la peregrinación a través del desierto. La capacitación es muy importante, porque Dios no puede darnos una tarea para la cual no tenemos conocimiento previo para realizarla. No podemos recibir un mensaje bíblico si no conocemos la Biblia. Una muestra de esto en el Nuevo Testamento es el Apóstol Pablo. ¿Por qué Jesús no utilizó para fundamentar teóricamente la doctrina del evangelio a alguno de los apóstoles que habían estado con él durante su ministerio terrenal? Porque ninguno era maestro de la Ley. Dios tomó a Saulo de Tarso de lo más profundo y arraigado del judaísmo y lo convirtió en Pablo para colocarlo en lo más alto de la gracia porque poseía el conocimiento necesario para conceptuar la transformación que debía suceder en el ser humano para alcanzar la salvación, y el primer paso en este proceso fue un encuentro con Jesús (Hechos 9:1-9). Sin conocer a Jesús, es imposible tener entendimiento del evangelio.

Moisés fue criado en la corte de Faraón por su madre hebrea, lo cual indica que conocía ambas culturas y sabía de su origen hebreo. Al convertirse en un joven, un día, caminando entre "sus hermanos" los hebreos -lo que habla de identificación e inclinación étnica y cultural, porque él podría preferir a los egipcios y considerarlos sus hermanos, por haberse criado dentro de ellos- vio un egipcio golpeando a uno de los hebreos y lo mató para después esconderlo en la arena. Súbitamente, la persona que Dios tenía en mente para sacar su pueblo de la esclavitud se convirtió en asesino (Éxodo 2:11,12).

Al siguiente día, dos hebreos reñían entre sí y Moisés le dijo al que maltrataba al otro: ¿Por qué golpeas a tu prójimo? Y la respuesta inmediata fue ¿quién te ha puesto por príncipe y juez sobre nosotros? ¿Piensas matarme como mataste al egipcio? Moisés amaba su pueblo, pero ellos no lo amaban a él. Todos los amores no son bien correspondidos, sin importar cuán buenas sean las intenciones. Era momento de ponerse a salvo, y se fue Moisés a la tierra de Madián (Éxodo 2:13-15). Estar lejos geográficamente no significa estar lejos espiritualmente. Aunque se alejó de Egipto, no abandonó los sentimientos por el pueblo hebreo que había en su corazón y Dios se lo tuvo en cuenta. Tener que recorrer caminos desconocidos es una experiencia que nos hace depender y buscar la presencia de Dios, quien no se esconde de los que le necesitan y buscan. Este era el punto exacto en que se encontraba la vida de Moisés, rechazado por su pueblo étnico y perseguido por su pueblo adoptivo. Cuando sientas que no tienes a donde ir, mira hacia arriba, que por ahí siempre hay salida.

Moisés decepcionó a Jehová, pero Jehová nunca se decepciona de sí mismo por los errores de los hombres en quienes confía. De todas maneras, no era la primera vez que sucedía, ni sería la última. La opción divina es siempre consumar sus objetivos, realizar sus planes y cumplir sus propósitos. Con el transcurrir del tiempo los planes de Dios no decaen, se consolidan y fortalecen para actuar en el momento preciso. Mientras tanto, Moisés se establecía y prosperaba en Madián. Los israelitas sufrían en Egipto y su clamor llegó a Dios, quien se acordó de su pacto con Abraham, Isaac y Jacob, y al mirar hacia ellos los reconoció como los hijos de Israel, el pueblo amado de la promesa.

A pesar de todo, Moisés estaba destinado a cumplir tres grandes encomiendas divinas. Primero, registrar los acontecimientos ocurridos desde la creación hasta la llegada de los israelitas a la entrada de la tierra prometida (Deuteronomio 34:1-12), segundo, liberar al pueblo de la esclavitud en Egipto (Éxodo 14:30,31) y tercero, recibir la ley de Dios en el Monte Sinaí (Éxodo 20:1-17) y guiarlos a través del desierto hasta Canaán.

La ubicación espiritual es crítica para recibir la visión divina en relación con el propósito de nuestras vidas. Dice la Biblia que Moisés llevó las ovejas a través del desierto y llegó hasta Horeb, monte de Dios (Éxodo 3:1). ¿Qué mejor lugar para estar que el monte de Dios? Tanto es así que allí Moisés recibió las dos principales revelaciones de Dios, la visión de la zarza ardiente para la misión de su vida, y la ley, para la subsistencia como nación del pueblo de Israel. El monte Horeb significa revelación y guía divina. De momento, apareció frente a él una zarza ardiendo en fuego que llamó su atención porque no se consumía, y al acercarse, el Ángel de Jehová desde una llama de fuego le dijo: No te acerques; quita tu calzado de tus pies, porque el lugar en que tú estás, tierra santa es (Éxodo 3:5). La imagen de este pasaje es preciosa. El fuego de Dios arde, pero no consume, calienta, pero no quema y el resplandor de la llama de Dios santifica el lugar donde estamos ubicados. El fuego de Dios purifica el alma. Busca tu zarza ardiente para que Dios se manifieste con la revelación precisa que nos guíe a un encuentro personal con Él, porque de eso se trata, encontrarnos otra vez.

Nacer libre y caer en esclavitud enseña a valorar la libertad, pero el que nace esclavo, se acostumbra a ello. Eso le sucedía al pueblo de Israel, aun siendo mayoría, aceptaban el yugo egipcio. Tuvo que acudir Dios a salvarlos, porque Él es el único capaz de quitar la esclavitud de la vida de sus hijos. Moisés tuvo un encuentro con Dios y eso cambió su vida totalmente, y el futuro familiar tranquilo y feliz que él pensaba tener se convirtió en una existencia dedicada a cumplir el plan de Dios. A partir de ese momento comprendió su misión de escogido y aunque se considerara humanamente incapaz, Dios le mostró que las cosas no son posibles por nuestras habilidades, sino por su poder. De ser un fugitivo, fue convertido en un libertador. Moisés se sometió a la voluntad de Dios, obedeció todas sus órdenes y liberó a los israelitas de la opresión egipcia, conduciéndolos durante cuarenta años por el desierto hasta llegar al Monte Nebo, en los campos de Moab, donde murió, frente a Jericó.

Pero durante el trayecto, desobedeció las instrucciones exactas de Jehová en el desierto de Zin, en el pueblo de Cades, durante una escasez de agua (Números 20:1-13). A pesar de eso, gracias a la misericordia de Dios, por la desobediencia de uno, no se perdió la bendición de muchos. Este es el mismo principio de salvación que Jehová aplicó en el ministerio de Jesús, que sin tener en cuenta la desobediencia de Adán, por la cual la humanidad perdió la santidad, nos proveyó, en la obediencia perfecta de Cristo, el método para recuperarla.

El agravio de Moisés fue de palabra y acción. Jehová le había dicho que reuniera la congregación y delante de ellos le hablara a la peña, entonces brotaría agua para darle de beber al pueblo y a sus bestias. En esencia, el obedeció, pero no exactamente como fueron dadas las instrucciones. Moisés hizo como Dios le dijo y reunió al pueblo delante de la roca, y dijo: ¿Os hemos de hacer salir agua de esta peña? Arrogándose la gloria a sí mismo, y no a Dios. Acto seguido, conociendo que debía hablar a la peña, la golpeó dos veces, haciéndolo a su manera. Moisés obedeció a medias, pero Dios demanda obediencia total. Él no perdió la salvación, pero faltó a la santidad y eso lo invalidó para culminar la misión de entrar en la tierra prometida junto con el pueblo de Israel. La justicia, la obediencia y la santidad están conectadas entre sí. La palabra es justicia, obedecerla es santidad y santidad es la garantía de la culminación en los planes de Dios. A pesar de su afán, Moisés le falló a Dios (Deuteronomio 32:51).

La travesía de los israelitas durante cuarenta años a través del desierto, desde Egipto hasta la tierra de Canaán, es una viva ilustración del camino a la santidad. Durante ese tiempo, Jehová purificó la nación de Israel de la murmuración (Éxodo 15:24; 16:2; 17:3), de la idolatría (Éxodo 32:1-14) y rebeldía (Deuteronomio 9:7). Fue un proceso largo, duro y triste, pero necesario. Dios había sacado al pueblo de Israel de la opresión, pero aun mostraba reminiscencias de la esclavitud que estorbaban el disfrute de la libertad, y cada vez que enfrentaban algún inconveniente, deseaban regresar a Egipto, en lugar de confiar en Dios y las promesas que este les ofrecía. Estaban más preocupados por la satisfacción de la carne que por la libertad espiritual. Aunque habían salido de la esclavitud, todavía la extrañaban, lo cual es una manera de seguir siendo esclavo. No santifica solamente el no hacerlo más, es necesario no desearlo y rechazarlo porque desagrada a Dios. Esa fue la causa por la cual todos los israelitas que salieron de Egipto, excepto Josué y Caleb (Números 14:30; 26:65), perecieron en el desierto, porque tenían reminiscencias del pasado. La primera prioridad en cada prueba es no volver atrás, sino encontrar una oportunidad de fortalecimiento y purificación espiritual avanzando confiados en el plan divino. Tenemos que hacer morir la vieja esclavitud al pecado que hay en nosotros, para disfrutar la libertad de las promesas de Dios en el Reino de los Cielos. El desierto es una etapa ineludible e importante en la vida del creyente, todos tenemos que atravesar el desierto. En

Cristo no hay pasado, solo futuro, "De modo que si alguno está en Cristo, nueva criatura es; las cosas viejas pasaron; he aquí todas son hechas nuevas" (2 Corintios 5:17). Con Cristo todo es avance, conquista y victoria.

El viaje a través del desierto conduce a la tierra prometida, pero, antes de entrar en ella, hay que cruzar el Río Jordán. Josué, adiestrado en el ejemplo de Moisés a llevar delante de Jehová los retos del liderazgo, instruyó al pueblo con las indicaciones de Jehová. Josué recibió la misión: "levántate y pasa este Jordán a la tierra que yo les doy" (Josué 1:2); recibió la confirmación: "yo os he entregado todo lugar que pisare la planta de vuestros pies" (Josué 1:3) y le fue anunciada la victoria, "nadie te podrá hacer frente en todos los días de tu vida" (Josué 1:5). Cuando Dios envía, lo provee todo, nosotros solo tenemos que actuar y confiar. Para comenzar, los sacerdotes levitas llevarían el arca del pacto, y después, como a dos mil codos de distancia, el pueblo los seguiría para saber por dónde habrían de cruzar. Lo humanamente lógico, cuando se va a cruzar un río, es buscar embarcaciones para cruzarlo navegando, o construir un puente para pasar por encima de las aguas o, en último caso, tratar de llegar nadando a la orilla opuesta. Pero Dios no mencionó ninguno de estos métodos, porque él no necesita recursos humanos para hacer milagros. A cambio, lo que Dios dijo por medio de Josué fue: "Santificaos, porque Jehová hará mañana maravillas entre vosotros" (Josué 3:5). Esta era la cúspide de los cuarenta años de purificación a través del desierto, la santificación. Santifícate hoy, si quieres ver milagros mañana. La santidad es el terreno fértil donde se fortalece el poder de Dios. En la vida del creyente, el Jordán no es una atracción turística, es un imperativo espiritual. Todos tenemos que cruzar nuestro Jordán para entrar en la tierra prometida siguiendo el parámetro establecido, Dios marcando la ruta, y el pueblo santificado siguiéndolo. Y cuando ya estemos en la tierra prometida, disfrutando del descanso de la travesía por el desierto, levantemos un altar de adoración para mostrar gratitud, adoración y alabanza. La tierra prometida no es para pecadores activos, sino para pecadores arrepentidos y santificados. Dios nos saca de Egipto porque él nos creó para ser libres y disfrutar de las maravillas reservadas en la tierra prometida. Cerremos los ojos y sigamos a Jehová confiadamente, porque con Él llegaremos a donde nunca hemos pensado estar.

Porque Dios es Dios, los israelitas entraron en Canaán, pero ahora, tenían que poseer la tierra. No es suficiente llegar, hay que permanecer, y para eso, es necesario conquistar. En la obra de Dios siempre hay espacio para el desarrollo y el crecimiento. Nunca es demasiado lo que hacemos para Dios. El trabajo del Espíritu se termina cuando estemos en su presencia. Después de cruzar el río, el valle del Jordán se mostraba ante ellos, bello y esplendoroso, pero la ciudad de Jericó se interponía en el avance hacia la posesión de la tierra. Las noticias de que Jehová había separado las aguas del Jordán para permitir el paso de los hijos de Israel habían llegado a oídos de los habitantes de Canaán rápidamente, y los reyes de la zona estaban temerosos, desfalleció su corazón, dice la Biblia (Josué 5:1). Por esta razón, la ciudad de Jericó estaba totalmente cerrada para que nadie entrara ni saliera. Es preciso notar que la ciudad no estaba cerrada a causa de los ladrones que podían robar, o las fieras salvajes que podían devorarlos, sino a causa de los hijos de Israel. El sistema mundial se cierra a Dios totalmente para impedirle entrar, cuando en realidad, la mejor opción sería incluirlo, porque, de todas maneras, por mucho que se opongan, al final, la voluntad de Dios prevalecerá. Los requerimientos para tomar una ciudad fortificada con murallas y puertas fuertemente aseguradas son tener un ejército entrenado, el armamento necesario y las estrategias adecuadas, pero al igual que al cruzar el Jordán, las instrucciones que Dios le dio a Josué no tenían lógica. Pero, aun así, Josué obedeció al pie de la letra, porque, siempre que actuemos por lógica, obtendremos resultados, pero si actuamos por fe, obtendremos milagros.

Jehová entregó sus instrucciones comenzando por el final, asegurándoles la victoria: "yo he entregado en tu mano a Jericó y a su rey" (Josué 6:2). Lo normal es que el resultado de una batalla se conozca cuando termina, pero cuando es una batalla de Dios, antes de comenzar sabemos que la victoria es nuestra, porque Él nos ha entregado la ciudad. La segunda parte de las instrucciones no fue mejor, en lugar de atacar, ordenó no agredir. Es obvio que para tomar una ciudad hay que combatir, pero Jehová dijo: "Rodearéis, pues, la ciudad todos los hombres de guerra, yendo alrededor de la ciudad una vez; esto haréis durante seis días, y siete sacerdotes delante del arca con bocinas de cuerno de carnero, y al séptimo día daréis siete vueltas a la ciudad, y los sacerdotes tocaran las bocinas" (Josué 6:3,4). Debemos notar que Dios separó las caminatas alrededor de Jericó en dos secciones, los primeros seis días, y el séptimo día. El número seis es el número del hombre, quiere decir que durante los primeros seis días los israelitas rodearían la ciudad en su humanidad limitada y por tanto, no caerían las murallas, pero al séptimo día, siete sacerdotes, con las siete bocinas, darían siete vueltas a Jericó. El siete es el número de Dios, y aquí vemos tres veces siete, lo que representa la plenitud, perfección y totalidad de Dios anunciada, proclamada y confirmada en el cumplimiento del mandato divino. Al terminar la séptima vuelta, tenían que sonar prolongadamente la bocina y el pueblo gritaría a gran voz y el muro de la ciudad caería. Exactamente así sucedió. La toma de Jericó no fue una batalla militar, fue una procesión espiritual. Las murallas se derriban rodeándolas en adoración, alabanza, oración y fe. La etapa de la travesía desde Egipto hasta Canaán muestra la manera establecida por Dios para alcanzar la salvación. Primero, salir de la esclavitud del pecado y ser regenerados atravesando el desierto, segundo, llegar a nuestro río Jordán, donde tenemos que santificarnos para cruzar y entrar en la tierra prometida, y tercero, llevar una vida de procesión espiritual, para que nuestro clamor derribe los muros que impiden conquistar lo que Dios nos ha entregado.

Josué y el pueblo de Israel que entró en Canaán continuaron la conquista y la repartición de la tierra hasta poseerla completamente como prometió Jehová a Abraham, Isaac y Jacob. Dios había cumplido su promesa y esperaba que los hombres fueran fieles con la parte del pacto que les correspondía, obediencia y santidad. Dios siempre sobrepasa las expectativas del hombre, pero el hombre siempre defrauda las expectativas de Dios.

## El pueblo descarriado y los Jueces

Mientras Josué y los israelitas que conquistaron la tierra prometida vivieron, el pueblo se mantuvo fiel a Jehová, pero cuando estos murieron, hubo un vacío de liderazgo y se rebelaron entregándose a las costumbres y religiones de los pueblos que habitaban por sus alrededores. La ira de Jehová cayó sobre ellos y los entregó en manos de sus enemigos, que los robaban y atemorizaban en gran manera (Jueces 2:11-14), llegando al extremo de tener que vivir en cuevas para salvar sus vidas (Jueces 6:2). Esta rebeldía causó que Dios decidiera no arrojar de Canaán las naciones que habitaban entre ellos, para probar el linaje de Israel que no conocía las guerras (Jueces 3:1,2). ¿Cómo es posible que el pueblo escogido, guiado e instruido por Jehová cayera en tan baja posición espiritual? La respuesta vuelve a ser la misma, por la desobediencia. Desobedecer a Dios es renunciar a todos los privilegios de su protección. Las reglas de Dios son lanzas, y sus consejos coraza. Fuera de Dios todo es caos y confusión, pérdida y derrota.

El libro de los Jueces narra este período vergonzoso y oscuro de la historia del pueblo de Israel. Una y otra vez se repetía el mismo círculo vicioso. Primero los israelitas desobedecían, (igual que hemos hecho todos en algún momento), como consecuencia caían en manos de sus enemigos, (de la misma manera que nos ha sucedido a nosotros), que les robaban las cosechas y azolaban sus ciudades. Entonces, en su desesperación, clamaban a Jehová, y Él les levantaba un líder que los librara de los agresores (Jueces 2:16), como levantó uno sin igual para nosotros, que nos libra para siempre de la desobediencia y la esclavitud, bendiciéndonos eternamente con poder sobre el pecado y nos bendice totalmente, Jesús. Dios siempre levantará hombres con un amor y devoción especial a su palabra y su obra para guiar al pueblo a través de las adversidades y sacarlas de ellas. Este ciclo espiritual de rebelión, esclavitud, arrepentimiento y salvación debe suceder en la vida de las personas, pero no puede repetirse en la vida del creyente. En total, durante los trescientos veinticinco años que cubre el libro de Jueces, desde la muerte de Josué hasta que el profeta Samuel ungiera a Saúl como primer rey de Israel, fueron levantados doce jueces, hombres de armas que realizaron proezas de fe, para traer paz al pueblo durante su liderazgo. Pero ni aun así, los israelitas obedecieron a los jueces (Jueces 2:17) y continuaron adorando dioses ajenos. De estos doce jueces, dos de ellos, Gedeón y Sansón, no por ser los más famosos, sino porque fueron los únicos que recibieron la ministración del Ángel de Jehová, que es la misma presencia de Dios, merecen especial atención.

Gracias al ministerio de Débora y Barac, los israelitas habían disfrutado de cuarenta años de paz, pero desobedecieron de nuevo, como era ya la costumbre, y comenzó por quinta vez el ciclo repetitivo de descalabro humano y rescate divino. En esta ocasión, durante los últimos siete años, los madianitas y los amalecitas atacaban a los israelitas en el tiempo de la cosecha para robar todos los alimentos y dejarlos hambrientos. Por esta causa, los hijos de Israel tuvieron que volver a clamar a Jehová y este les envió un profeta que les recordó todas las cosas que Dios había hecho por ellos (Jueces 6:7-10). Es muy importante tener presente todas las bendiciones, ayudas y soluciones que Dios nos ha dado, porque el razonamiento de la fe es este: si Dios me ha bendecido hasta el día de hoy, también me seguirá bendiciendo a partir del día de mañana. Basados en lo que Dios ha hecho en el pasado, es que podemos confiar en lo que hará en el futuro.

## Gedeón

Gedeón estaba en la heredad de su padre Joás abiezerita sacudiendo el trigo en el lagar para esconderlo de los madianitas. Esto era un acto de cobardía, porque el trigo se sacude en lugares abiertos donde corre el viento para que se lleve la paja, no en un lugar hundido y cerrado como un lagar, donde los israelitas aplastaban la uva para su fermentación. Gedeón trabajaba a escondidas para evitar que los enemigos le robaran el fruto de su sacrificio. En medio de esta zozobra vino el Ángel de Jehová, que es el mismo Espíritu de Jesús ministrando en el Antiguo Testamento, y le dijo: "Jehová está contigo, varón esforzado y valiente" (Jueces 6:11,12). Este saludo resultaba extraño para él, ¿Jehová está conmigo, y los madianitas me roban todos los años mi cosecha? ¿Varón esforzado y valiente, trabajando escondido porque no tengo valor para defender lo que he logrado? Oh no, ese saludo no tiene nada que ver conmigo. El creyente no tiene ningún motivo para permitir que el enemigo le robe sus bendiciones, porque, Jehová está con nosotros. La desmoralización y pérdida de fe de los israelitas era tan grande, que muy difícil se podían reconocer como pueblo de Dios. Nada más triste y desolador que a causa de la desobediencia y el pecado, el abandono y la falta de esperanzas sean las normas de la vida. De todas maneras, a pesar de que Gedeón se sentía incapaz y derrotado, Jehová le dijo: "Ve con esta tu fuerza". Esta tu fuerza, no es la fuerza muscular de Gedeón, es la fuerza Espiritual de Dios. Los israelitas con su fuerza no habían logrado derrotar a los madianitas, pero ahora Gedeón, con esta nueva fuerza, sería capaz de hacerlo. No hay obstáculo tan grande que no pueda ser vencido con el poder de Dios. Jamás debe detenernos el temor que crea la situación que nos rodea, debemos cosechar los frutos de la fe confrontando al enemigo valientemente llenos del poder de Dios.

La incredulidad de los hombres siempre ha sido proverbial, pero la paciencia de Dios es infinita. No le bastaba la misma presencia del ángel de Jehová para convencerlo, por tanto, Gedeón pedía señales (Jueces 6:17). El verdadero creyente vive por fe y las pruebas se verán en el camino de obediencia. La prueba que solicitaba tenía la intención de revelar la verdadera identidad del que le estaba hablando, ¿era humano o divino?, y realmente consistía en algo sencillo: "Te ruego que no te vayas de aquí hasta que vuelva a ti, y saque mi ofrenda y la ponga delante de ti" (Jueces 6:18). Si Gedeón, al regresar con la ofrenda, que incluía un cabrito, del cual puso la carne en un canastillo y el caldo en una olla, y panes sin levadura de un efa de harina, al ofrecérsela al mensajero, la tomaba y no sucedía nada, sería como un regalo para un humano, pero si al presentarla ocurría algo sobrenatural, entonces estaba ante la presencia de Jehová. Y esto fue exactamente lo que sucedió, al recibir la ofrenda, el ángel de Jehová extendió su báculo tocando la carne y los panes sin levadura, y subió un fuego que lo consumió todo, y en medio del fuego desapareció el ángel de Jehová. Fue en ese momento que Gedeón se convenció que realmente había sido visitado y comisionado por Jehová para salvar al pueblo de Israel.

Ahora le tocaba a Jehová probar a Gedeón. Esa misma noche, Jehová le ordenó edificar un altar para hacer un sacrificio de holocausto, con un toro de siete años, y encender el fuego con la madera de las imágenes de Baal y Asera. El toro debía ser del hato de su padre, esto implica romper con la autoridad familiar, y quemar las imágenes de los ídolos significaba rompimiento con todo tipo de espiritualidad ajena a Jehová. Antes de comenzar el ministerio del servicio a Dios, tenemos que hacer desaparecer, en un sacrificio de renuncia, todos los intereses humanos y todas nuestras inclinaciones espirituales que no provengan del trono de la Gracia.

Lo mínimo que nos separe de Dios debemos quemarlo en el fuego del Espíritu Santo. Debemos cambiar nuestras opiniones y nuestras creencias para comenzar desde cero un nuevo camino hacia Dios, entregados a El completamente.

Gedeón llevó a cabo el sacrificio, pero lo realizó de noche por temor a su familia y a la sociedad. Esto es algo así como ir a la Iglesia escondido para que nadie lo sepa. Ocultar la fe no agrada a Dios. Un ejemplo elocuente de la bendición de mostrar la fe lo vemos en el profeta Daniel. Cuando el rey Darío firmó el edicto prohibiendo hacer peticiones a otro dios u hombre fuera de él, Daniel entró en su casa y abrió las ventanas de la habitación donde se arrodillaba tres veces al día para orar a Jehová con acción de gracias, desafiando la autoridad humana y social del rey Darío por tal de ser fiel y obediente a Jehová. Por esta causa Daniel fue arrojado al foso de los leones, pero Dios recompensó su fidelidad salvándolo de las fauces de las fieras (Daniel 6:1-22). El cumplimiento de las promesas no son un regalo, sino un premio a nuestra fidelidad. Daniel no ocultó su fe y Dios lo protegió. Tenemos innumerables y poderosas promesas de parte de Dios, pero para recibirlas y disfrutarlas debemos ser fieles, consagrados y obedientes.

Aun después de haber comprobado que el mismo Jehová le había aparecido y ordenado hacer un sacrificio donde se glorificó el poder divino, para Gedeón todavía no era suficiente y necesitaba más señales para reafirmar su confianza (Jueces 6:36). Este acto de solicitar pruebas a Dios se había convertido en una costumbre (1 Corintios 1:22) que denotaba la decadencia espiritual del pueblo israelita. Gedeón tentó a Jehová en dos ocasiones. La primera diciendo: Yo pondré un vellón de lana en la era, y si haces que el vellón amanezca lleno de rocío y la tierra alrededor seca, entenderé que salvarás a Israel por mi mano, y Dios lo hizo así. No bastó la primera vez, Gedeón pidió luego que sucediera de la manera inversa, que el vellón quedara seco y el rocío sobre la tierra, y Dios de nuevo obró el milagro, no por la exigencia de Gedeón, sino para mostrar su control sobre los elementos de la naturaleza y proporcionar el cumplimiento de protección y salvación para el pueblo de Dios. ¡Cuántos obstáculos enfrentaba! No Gedeón, que tenía la ayuda de Dios, sino Dios, que no contaba con la confianza de Gedeón para salvar a su pueblo. Sólo Jehová tiene poder para vencer este tipo de guerra contra enemigos tan difíciles como las dudas, temores, cobardía e incredulidad. Esa guerra fue librada triunfalmente por Jesús en la tentación del desierto, cuando Satanás, con insana maldad, le propuso que se arrojara del pináculo del templo, confiando en la promesa que Dios enviaría sus ángeles a sostenerlo con sus manos para que no tropezara su pie en piedra, y el Hijo de Dios, en todo el esplendor de su fuerza divina respondió: "Escrito está también: No tentarás al Señor tu Dios" (Mateo 4:5-7). Básicamente Gedeón no tenía discernimiento espiritual (1 Corintios 2: 14,15). La obediencia no es por señales, debe estar basada en la fe (2 Corintios 5:7). Había llegado el tiempo de la cosecha y los madianitas y amalecitas, que unidos hacían un ejército mucho más numeroso que los israelitas, se habían reunido para saquear a Israel. Tengamos siempre presente que cuando la cosecha está lista, el enemigo se alista para atacarnos y robarnos la bendición. Gedeón tomó al pueblo con él, que formaban treinta y dos mil hombres de guerra, para presentar batalla y derrotar militarmente al enemigo con sus fuerzas, pero no sucedería exactamente así, Dios tenía otros planes. Jehová ordenó disminuir la cantidad de guerreros hebreos. Esto era una prueba de obediencia y fe, porque de inicio los israelitas estaban en desventaja numérica, por lo cual, una disminución de sus soldados aumentaría la ventaja enemiga, creciendo las probabilidades de derrota que de por sí ya eran altas. Pero la batalla, aunque tendría lugar en la tierra y sería peleada entre humanos, la libraría Jehová y obtendría la victoria con acciones milagrosas, entregándosela al pueblo para que entendieran que sin Él, siempre estarían indefensos, y por tanto, sólo la obediencia, adoración y glorificación y honra a su nombre los haría libres de las opresiones (Jueces 7:1,2). La liberación proviene del cielo, donde está nuestro sacerdote Jesús sentado a la diestra del Padre (Hebreos 8:1). Ninguna victoria humana tiene mérito celestial, únicamente aquellas logradas en el poder del Espíritu Santo. Para hacer la primera reducción Jehová envió a Gedeón pregonar entre los israelitas que los temerosos podían abandonar el campamento. Al siguiente día, se regresaron veinte mil de ellos, quedando sólo diez mil. Parecía que estaría bien así, pero no, seguían siendo muchos todavía. Para la segunda disminución militar, fueron enviados al agua para ser probados allí. Podría pensarse que Dios organizaría una competencia de natación, para elegir los más atléticos y resistentes, pero fue un reto de cómo saciar la sed según se bebiera el agua, para elegir los más alertas (Jueces 7:4). Única y exclusivamente los planes de Dios requieren pruebas de este tipo. Mientras más extraño parezca, más proveniente de Dios es. Porque ¿quién entendió la mente del Señor? ¿O quién fue su consejero? (Romanos 11:34).

La prueba, básicamente, era sencilla, solamente beber agua de un arroyo. Algunos se arrodillarían para beber directamente del cuerpo de agua y otros permanecerían de pie llevando el agua con sus manos a la boca. Sucedió que nueve mil setecientos soldados se arrodillaron, y trescientos permanecieron de pie. Al terminar, los trescientos que bebieron el agua llevándola a su boca con las manos para lamerla, manteniendo su vista en los alrededores para no ser sorprendidos, fueron los escogidos para la salvación del pueblo de Dios. Estar alertas espiritualmente evita el pecado, asegura la victoria y provee salvación (1 Pedro 5:8). Tal vez las circunstancias puedan llevarnos a través de hechos extraños e inexplicables, y debemos buscar las razones y motivos para encontrar las consecuencias. Es imprescindible para vencer las batallas tener perspectiva bíblica, intuición divina y sentido espiritual.

Dios derrotó a los madianitas haciéndolos retirar utilizando un sueño, que fue interpretado como la superioridad invencible del pueblo de Dios (Jueces 7:14). Después Gedeón enfrentó y persiguió al ejército madianita y eliminó sus reyes y príncipes hasta subyugarlos completamente. Al lograr la victoria los hijos de Israel le propusieron que gobernara sobre ellos, pero él rehusó diciendo que sería Jehová quien reinaría, una determinación muy correcta de su parte. A cambio pidió todos los zarcillos de oro que tenían, una muy desafortunada decisión, con los cuales hizo un efod (vestidura superior del sacerdote) de oro, que luego desvió al pueblo hacia la idolatría (Jueces 8:27). Bíblicamente no se puede precisar por qué hizo esto, pero podemos suponer que fue para tener un recordatorio de la liberación que Dios les había dado en ese día, pero sin intención, creó un ídolo. El segundo mandamiento dice: "No te hagas ningún ídolo, ni nada que guarde semejanza con lo que hay arriba en el cielo, ni con lo que hay abajo en la tierra, ni con lo que hay en las aguas debajo de la tierra" (Éxodo 20:4), y seguro él conocía este mandamiento. A pesar de sus dudas y errores, Jehová proveyó a Gedeón con la habilidad necesaria para traer paz a Israel durante los cuarenta años que vivió después de estos acontecimientos, pero cuando murió, "los hijos de Israel volvieron a prostituirse yendo tras los baales" (Jueces 8:33).

## Sansón

La misma intervención del ángel de Jehová que experimentó Gedeón, la vemos ministrando el nacimiento de Sansón, para dedicarlo al mismo ministerio, salvar el pueblo de Dios (Jueces 13:2-5). Otra particularidad similar entre ellos es que, al igual que Gedeón estaba sacudiendo el trigo escondido en un lagar por temor a los madianitas y no mostraba ningún interés en la liberación de Israel, la esposa de Manoa, madre de Sansón, a pesar de ser estéril, no estaba orando por la bendición de un hijo y mucho menos un hijo que salvara el pueblo de Dios de la opresión de los filisteos.

Mientras el hombre permanece ocupado en la provisión para sus apetitos humanos ignorando sus necesidades espirituales, Dios siempre encuentra una oportunidad para entrar en acción con la iniciativa de la salvación. Cuando la incipiente humanidad estaba perdida en el pecado sin esperanzas, Jehová hizo nacer a Israel como nación santa para establecer su pacto de salvación con la humanidad a través de ellos. Sansón fue escogido antes de ser concebido y apartado como nazareo (Números 6:1-21) para salvación de la nación de Israel. Génesis 1:1 dice: "En el principio Dios creó los cielos y la tierra", eso quiere decir que nuestro Dios es el Dios de los principios, que siempre está en los inicios, y de Él surgen todos los comienzos. Nada puede empezar primero que Dios, porque, en el principio Dios creó, está creando y creará todas las cosas. Conociendo esto, comencemos todos nuestros proyectos colocando a Dios en el principio. Las primeras instrucciones de obediencia y santidad fueron dadas a la futura madre de Sansón: "Ahora, pues, no bebas vino ni sidra, ni comas cosa inmunda" (Jueces 13:4). ¡Cuán importante es una familia entregada al Señor! La familia es el núcleo humano creado y diseñado por Dios para conservar los valores éticos y morales cristianos dentro de la sociedad. Este es el verdadero significado de "vosotros sois la sal de la tierra" (Mateo 5:13). Cuando la familia se rompe, desaparece la cohesión espiritual. Los conglomerados humanos necesitan códigos de conducta preestablecidos que definan la disciplina y valoración de los actos individuales como factores activos en la influencia sobre los resultados del colectivo en su totalidad. Esto es lo que llamamos constitución legal de una entidad social establecida, ya sea un país, institución, organización, etc. Hasta el día de hoy, las constituciones legales más justas y equitativas son las que siguen el patrón misericordioso de justicia de Dios plasmado en la Biblia. Mientras mayor sea la cercanía con Dios, mayor será la justicia social.

Manoa vio acercarse a su esposa entusiasmada con la noticia de que un ángel le había dicho que tendría un hijo. Ninguna cosa alegra más a una mujer que saber que va a ser madre. Muchas mujeres no lo saben, pero ser madre, además de una bendición, es un cumplimiento del plan de Dios para la continuación de la vida. La maternidad, junto con la paternidad, son los componentes del llamado de Dios a "Fructificaos y multiplicaos" entregado a Adán (Génesis 1:28) en la creación. Tal vez, ante lo sorprendente de este acontecimiento, Manoa no estaba completamente convencido, quiso hablar con el ángel para comprobar si todo era cierto y oró a Jehová para que regresara el varón que había enviado y preguntarle qué debían hacer con el niño que nacería. Cuando el varón (el ángel de Jehová) regresó, y estuvo frente a él le preguntó, ¿eres tú aquel varón que le habló a la mujer? Y el varón respondió: Yo soy (Jueces 13:11), otra clara indicación de la preexistencia y ministración de Jesús en el Antiguo Testamento. La petición de Manoa fue escuchada y respondida, pero no precisamente para complacerlo, sino para reafirmarle que debían hacer lo que ya le había sido dicho a su esposa. Cuando Dios responde nuestras peticiones, es una exhortación para obedecer lo que ya está escrito en la Biblia. Lo que sucede a continuación merece especial atención por la revelación que implica. Manoa quiso agradecer la deferencia que había recibido, pidiéndole al varón que se quedara para ofrecerle un cabrito, no en sacrificio a Dios, sino como alimento, pues él pensaba que estaba hablando con un hombre, probablemente un profeta (Jueces 13:). La respuesta cambia el sentido del texto de terrenal a celestial: "Y el ángel de Jehová respondió". Son muy diferentes el punto de vista humano y el espiritual, y añadió, "si quieres hacer holocausto (sacrificio a Dios que incluía quemar la ofrenda después de ser sacrificada), ofrécelo a Jehová" (Jueces 13:16), dando una velada referencia de su identidad. Pero Manoa aún seguía sin entender la naturaleza sobrenatural de lo que estaba aconteciendo, y preguntó, insistiendo en el agradecimiento humano, sin percatarse que lo que se imponía era la adoración a Dios: "¿Cuál es tu nombre, para que cuando se cumpla tu palabra, te honremos? Y el ángel de Jehová respondió: ¿Por qué preguntas por mi nombre, que es admirable?" (Jueces 13:18). Se mostró a sí mismo como Jesús, al tomar el nombre de admirable, atribuido al Hijo de Dios en Isaías 9:6. De principio a fin la Biblia habla de Jesús. El Antiguo Testamento es la anunciación, los evangelios la confirmación, las cartas neotestamentarias la explicación, y Apocalipsis es la manifestación. De todas formas, Manoa ofreció sobre una peña un cabrito y una ofrenda a Jehová, entonces sucedió el milagro (Jueces 13:19). Cuando Abraham estuvo dispuesto a sacrificar su hijo Isaac a Jehová, sucedió el milagro de la provisión del carnero (Génesis 22:12,13), cuando los israelitas hicieron sacrificio de santidad a Jehová, sucedió el milagro de la separación de las aguas del Jordán para entrar en la tierra prometida (Josué 3:5), cuando el pueblo de Dios hizo sacrificio de procesión espiritual durante siete días alrededor de Jericó, sus murallas cayeron (Josué 6:20). Siempre que hagamos un sacrificio de alabanza, adoración, obediencia y santidad a Jehová, milagros ocurrirán. La llama de fuego del sacrificio subió hacia el cielo y el ángel de Jehová se elevó junto con ella y desapareció delante de sus ojos (Jueces 13:20).

Jehová no estaba en el fuego ni se fue con el fuego, Jehová utiliza el fuego como un elemento dentro de sus planes para cumplir sus propósitos. Así se le apareció a Moisés en la zarza ardiente para llamarlo y comisionarlo a libertar el pueblo de Dios de la esclavitud en Egipto, porque Dios es, el dueño del fuego. Nada escapa al poder de Dios. Después de todo esto, Sansón nació y creció con la bendición de Dios y el Espíritu de Jehová se manifestaba sobre él (Jueces 13:24,25). Sansón tuvo el privilegio de ser escogido desde el vientre de su madre, para cumplir un propósito especial de Dios. Pero, y este es un triste pero humano, no supo valorar la trascendencia de su misión. El poseía una fuerza humana descomunal, pero era totalmente débil espiritualmente. Tenía todo el potencial necesario entregado directamente por Dios para realizar las grandes hazañas requeridas para vencer los filisteos, las cuales realmente hizo, pero como resultado de los conflictos creados por él mismo, debido a sus desobediencias al casarse y relacionarse con los enemigos de Israel, y no con la intención expresa de cumplir con el plan de liberación de Dios para su pueblo. Aunque dice la Biblia que el juzgó a Israel por veinte años, lo hizo por sus propias concupiscencias y no por obediencia. Sansón fue un fracaso, pero en la gran misericordia e inmensa gracia divina extendida sobre los hombres como manto protector, le fue permitido servir para facilitar la voluntad de Jehová. Aun los rebeldes son utilizados para favorecer los planes de Dios.

## Samuel: El cambio sociopolítico de Israel

La decadencia espiritual del pueblo de Israel estaba en su momento más bajo, a tal punto que, dice la Biblia: "en aquellos días no había rey en Israel; cada uno hacía lo que bien le parecía" (Jueces 17:6). En otras palabras, la situación sociopolítica de los israelitas era caótica. Este desorden conducía a la dependencia de las naciones que habitaban alrededor de ellos. El ciclo de pecado, servidumbre, súplica y salvación que se había repetido innumerables veces, estaba llevando al pueblo a la total separación de Dios. Era necesario romper con este patrón desordenado de conducta, actualizando el sistema de dirección social y político, porque el método de gobierno por medio de jueces no funcionaba. El ser humano, por sí solo, es absolutamente incapaz de auto conducirse espiritualmente de manera adecuada, necesitamos la guía directa de Dios por medio de la presencia del Espíritu Santo dentro de nuestra vida, controlando todos sus aspectos y facetas. Después de trescientos años de descalabros, se imponía una actualización de gobierno.

Aunque Dios puede hacer su obra por sí mismo, él nos ha cedido el alto honor de poner en nuestras manos esa maravillosa tarea usando personas listas a servir, a las cuales escoge desde antes de nacer y las llama en medio de sus vidas cotidianas para dirigirlas a través de momentos difíciles y lugares estratégicos. El profeta Samuel fue uno de ellos, siendo utilizado como puente entre el abismo dejado por los jueces y la etapa de los reyes. Aun los hijos de Samuel, Joel y Abías, cuando llegaron a ser jueces no anduvieron en los caminos de su padre, por eso los ancianos de Israel se reunieron para que les constituyera un rey que los uniera y juzgara, ya que él había envejecido y no estaba apto para hacer el trabajo (1 Samuel 8:1-5). Samuel ungió dos reyes, uno de los hombres, Saúl, y otro de Dios, David. Saúl comenzó bien, pero terminó mal. David comenzó mal, pero terminó bien.

La etapa de los reyes le dio a Israel una cohesión política y social como nación que habían perdido mientras eran sólo doce tribus unidas por una ley que no respetaban, pero la situación espiritual durante esta etapa de reinados, que duró cuatrocientos cincuenta años, no cambió para bien. Básicamente la apostasía, idolatría y desobediencia a Dios se mantuvo durante toda la etapa de los reyes. Los tres primeros de ellos, Saúl, David y Salomón, con altas y bajas, lograron mantener el reino unido durante ciento veinte años, pero al morir Salomón, las exigencias que hizo a los israelitas su hijo Roboam cuando ascendió al trono, disgustaron al pueblo, provocando que diez de las tribus de Israel se separaron guiadas por Jeroboam, constituyendo el Reino de Israel o Reino del Norte. Se establecieron en la ciudad de Samaria, mientras que las otras dos tribus de Judá y Benjamín permanecieron en Jerusalén fieles a Roboam, conformando el Reino del Sur o Reino de Judá. Así comenzó la división de la nación israelita y la enemistad entre los judíos y samaritanos, a pesar de pertenecer al mismo pueblo de Dios.

## Los profetas: Intento de reconciliación

La primera mención de la palabra profeta en la Biblia la encontramos en Génesis 20:7 refiriéndose a Abraham, cuando descendió a Gerar, después de la destrucción de Sodoma y Gomorra, durante los sucesos entre él y Abimelec por causa de Sara, su esposa. Posteriormente le fue atribuida a Aarón, antes de ir a Egipto con su hermano Moisés y presentarse delante de Faraón (Éxodo 7:1). En el transcurso de la narración bíblica, otras muchas personas fueron llamadas profetas, las cuales eran representantes de Dios ante los hombres. El ministerio profético fue el primer oficio espiritual hasta que Jehová instituyó a Aarón y sus hijos como sacerdotes del tabernáculo (Éxodo 28:41). Los hombres llamados a ser profetas, basados en la palabra de Jehová escrita en la ley, emitían juicio sobre el pueblo de Israel mostrándoles su desobediencia y anunciándoles las consecuencias que esto les traería. Aunque la profecía incluía anunciar eventos que acontecerían en el futuro, como las profecías sobre el mesías que habría de venir, las revelaciones de visiones o interpretaciones de sueños, o aquellas relacionadas con el final de los tiempos en Apocalipsis, es incorrecto catalogar todas las profecías como predicciones. Básicamente, profetizar es hablar sobre lo que se conoce, por estudio, por experiencia o por deducción, y en ciertos casos por revelación divina. Los profetas conocían la Ley porque la habían estudiado, conocían la desobediencia del pueblo por experiencia y a partir de ahí emitían un juicio por deducción. Un ejemplo sencillo de esto es cuando conocemos una pareja que producto del consumo de alcohol y drogas frecuentemente entran en discusiones acaloradas y decimos: "en cualquier momento ocurre una desgracia" y tristemente, eso es lo que sucede. En este caso, solamente hemos hecho una deducción racional basada en los elementos de juicio que conocemos. Esto es, en esencia, la profecía bíblica. Ahora, Dios puede, y de hecho lo hace, revelarnos situaciones que han de suceder más adelante en el tiempo para advertirnos de peligro, dirigir nuestro ministerio y vida espiritual o confirmar su voluntad en lo que estamos realizando para Él. Algo importante también es saber que toda la profecía relacionada con Dios está basada en la Biblia, trata sobre la Iglesia y su objetivo principal es edificar el cuerpo de Cristo. Además, exagerar el uso y la extensión de la profecía es muy peligroso, porque puede que seamos hallados operando en espíritu de adivinación, lo cual es condenado por Dios (Deuteronomio 18:9-12; Levítico 19:26-31).

Desde sus inicios, los profetas llevaron a cabo una labor incansable de exhortación y defensa de Dios y su palabra escrita, invocando al pueblo a apartarse de los ídolos y volverse a Jehová. Los profetas asistieron, amonestaron y guiaron a los reyes. Algunos con buenas intenciones, otros con malas intenciones, pero todos sus actos, consejos y revelaciones sirvieron a los propósitos de Jehová. Ellos intentaron hacer entrar el pueblo de Dios en buenas razones con Dios, provocar un encuentro entre ellos, llevarlos por caminos de paz y bendición en obediencia y santidad. Todos los profetas murieron llevando sus ministerios. Jehová los sacó de la nada, fueron héroes y se convirtieron en mártires. Algo común a todos ellos fue que antes de ser llamados por Dios, no tenían esperanzas, pero después de responder a la voz del creador, entraron en la gloria del cielo. Los sufrimientos y dolores pueden matar el cuerpo, pero no el espíritu. Ellos lo entendieron así y resistieron hasta el final persiguiendo el premio supremo, la salvación del alma. "Mas el que persevere hasta el fin, este será salvo" (Mateo 24:13).

## Malaquías: El rompimiento

Todos los hombres llamados por Dios para servir en la reconquista de la santidad por obediencia a su palabra basada en la fe y el amor, de una manera u otra, en mayor o menor grado, con intención o sin ella, le habían fallado. Algo innato en los seres humanos les impedía alcanzar los niveles de espiritualidad requeridos para satisfacer la santidad de Dios: la naturaleza pecaminosa heredada de Adán y Eva. Había que encontrar una solución a este defecto.

La situación no consistía en que Dios había tenido demasiado de la desobediencia humana, era que el hombre había recibido mucho de Dios, su amor, su compasión y su perdón. El Israel rebelde, descarriado e irrespetuoso debía ser ubicado en su lugar enfrentando las consecuencias de sus malas actitudes, pues ya habían sido rescatados innumerables veces de los desastres que provocaban y repetían los mismos errores una y otra vez.

El libro del profeta Malaquías refleja el estado de ánimo espiritual de Jehová en relación con los israelitas. Dios comienza declarando que Él los había amado y escogido, estableciendo su derecho a ser obedecido (Malaquías 1:2), continúa reprochándoles su falta de honra y temor (Malaquías 1:6), luego pronuncia a los sacerdotes las instrucciones para lograr la reconciliación (Malaquías 2:2), después anuncia que habrá un juicio sobre ellos (Malaquías 3:5) y termina, a pesar de todo lo sucedido, dejando abierta la puerta a la esperanza (Malaquías 4:2).

Malaquías, desde el principio, deja claro que lo que se dirá es en contra del pueblo de Israel (Malaquías 1:1), marcando un punto de ruptura debido a discrepancias de puntos de vista. "Dios les dijo: Yo os he amado, y ellos respondieron: ¿En qué nos amaste?" (Malaquías 1:2); "Dios dijo: menospreciáis mi nombre, y ellos le respondieron: ¿En qué hemos menospreciado tu nombre?" (Malaquías 1:6); "Dios dijo: ofreciste sobre mi altar pan inmundo pensando que la mesa de Jehová es despreciable, y dijisteis: ¿En qué te hemos deshonrado?" (Malaquías 1:7). "Habéis hecho cansar a Jehová con vuestras palabras, y decís: ¿En qué le hemos cansado?" (Malaquías 2:17). "Volveos a mí, y yo me volveré a vosotros, ha dicho Jehová de los ejércitos. Mas dijisteis: ¿En qué hemos de volvernos?" (Malaquías 3:7); "Dios dijo: Vosotros me habéis robado. Y dijisteis: ¿En qué te hemos robado?" (Malaquías 3:8); "Vuestras palabras contra mí han sido violentas, dice Jehová. Y dijisteis: ¿Qué hemos hablado contra ti?" (Malaquías 3:13).

La insolencia de la nación de Israel había alcanzado límites intolerables. Los israelitas se habían apartado de Jehová y convirtieron la ley en un costumbrismo social, dejando de lado el principio espiritual de la misma, "amar a Dios porque Él nos amó primero" (1 Juan 4:19), y "hacerlo con todo tu corazón, y con toda tu alma, y con toda tu mente" (Mateo 22:37). Los israelitas ofrecían panes inmundos y animales con defectos a Jehová, cosas claramente prohibidas en Levíticos 22:20-23 y Deuteronomio 15:21, por eso les dijo: "Yo no tengo complacencia en vosotros, dice Jehová de los ejércitos, ni de vuestra mano aceptaré ofrenda" (Malaquías 1:10).

La represión continúa recordándoles a los sacerdotes que Él había hecho pacto con Leví de vida y paz para que tuviera temor de Dios, y lo había tenido y se había humillado, había enseñado la ley con verdad y muchos se habían apartado de la maldad, porque el sacerdote tiene la responsabilidad de guardar la sabiduría, ya que es mensajero de Jehová de los ejércitos. Pero los sacerdotes del tiempo de Malaquías se habían apartado de la Ley, habían pervertido los sacrificios y desprestigiado el sacerdocio, por tanto, Dios los convirtió en viles y bajos ante todo el pueblo (Malaquías 2:4-7).

Eran tiempos tristes y desolados para el pueblo de Jehová por causa de sus desatinos e inclinación al pecado. Dios sufría por este motivo. No hay mayor dolor para un padre que ver a sus hijos perdidos, pobres y desesperados. Pero en el sufrimiento de un padre nace la esperanza de los hijos. El inmenso amor de Dios por su pueblo hizo crear el camino de regreso hacia Él, guiado por el mensajero que el enviaría a presentarse en el templo como Señor y ángel del pacto (Malaquías 3:1). Ya que Jehová no cambia por graves que sean las faltas cometidas, no hemos sido consumidos. El pueblo de Jehová había dado la espalda a las obligaciones del templo dejando de entregar los diezmos y ofrendas. Dios no está tan preocupado con el valor, como con la acción. No se trata de cuanto hay que dar, sino de entender la necesidad de participar. Ellos habían desviado su atención de las leyes de Dios, ahí radicaba el hecho del robo, en la ausencia de dedicación, negligencia en el cumplimiento y olvido de la relación. Regresar al templo trayendo los diezmos significaba obediencia, humillación, agradecimiento y, sobre todo, interés y responsabilidad. "Probadme en esto, y les abriré las ventanas de los cielos y derramaré sobre vosotros bendición hasta que sobreabunde" (Malaquías 3:6-10). En el acto de diezmar no importa la cantidad o el valor, lo importante es el acto de entrega y consagración.

La salvación siempre viene de Jehová. Así que Dios tenía aún más. Él es una fuente inagotable de Gracia y Misericordia ungiéndonos con paz, amor y seguridad. Dios promete un juicio severo de fuego sobre los soberbios, pero para los humildes, los que le temen, obedecen su palabra y adoran su nombre, nacerá el sol de justicia, la verdad de Dios alumbrando las vidas y en sus alas traerá salvación, y saldréis libres a disfrutar su libertad, saltaréis fuertes y prósperos en el Señor y hollaréis los malos, disfrutando la victoria del Señor (Malaquías 4:1). Los reproches y regaños de Jehová son para limpiar las impurezas, eliminar los obstáculos y podamos arribar a una nueva etapa que supere el pasado con creces. El libro del profeta Malaquías marca el fin de un camino que llevaba a ningún lugar, para hacer espacio a una amplia avenida que llegaría hasta el trono de la gracia. Había llegado el tiempo y las sazones para el verdadero arrepentimiento y la gran cosecha. La santidad estaba de nuevo a las puertas, se podía oler el aroma de la pureza de Dios flotando sobre una humanidad perdida y descarriada, que no lograba enderezar sus pasos hacia la salvación.

# CAPÍTULO 6

# EL CUMPLIMIENTO DEL TIEMPO

Jehová se retiró de la vida espiritual del pueblo de Israel por cuatrocientos años. El tiempo alivia el dolor de las heridas inevitables, pero agudiza el sufrimiento de aquellas provocadas por negligencia, descuido o desinterés. Esta era la situación entre Jehová e Israel. Los israelitas sufrían debido a su rebeldía. Dios no había cometido algún error que tuviera que rectificar, El conocía desde el principio que esto sucedería, y permanecía esperando el momento para solucionar la insuficiencia espiritual humana, que no era una actitud aprendida, sino herencia adquirida. Lo que iba a suceder no era un plan B, porque Dios no necesita segundas opciones, ni puertas traseras, ni pasadizos secretos, lo que acontecería estaba destinado a suceder desde antes de la fundación del mundo. Habían transcurrido cuatro siglos desde el ministerio de Malaquías, y a pesar de las tantas generaciones de israelitas que habían pasado, no regresaron al amor de Dios, los sacerdotes no restauraron la espiritualidad de la ley, y el pueblo seguía ofreciendo sacrificios imperfectos en el altar de Jehová y olvidando llevar los diezmos y ofrendas al templo, por tanto, el juicio aún permanecía sobre el pueblo.

Dios había intervenido anteriormente en la historia humana durante los tiempos de Noé, cuando envió lluvias por cuarenta días y causó un diluvio que limpió la tierra de la maldad en que habían incurrido los hombres, salvando solamente a Noé, un hombre de fe, pero contaminado de pecado, y su familia. Ahora Dios intervendría por segunda vez, y de una manera diferente, enviando un hombre lleno del Poder del Espíritu Santo y sin contaminación de pecado, que inundaría la tierra de santidad para salvar la humanidad.

El cumplimiento del tiempo mencionado en Gálatas 4:4 había llegado. Este momento está estrechamente relacionado con la profecía predictiva que anunciaba: "Y pondré enemistad entre ti y la mujer, y entre tu simiente y la simiente suya; esta te herirá en la cabeza y tú le herirás en el calcañar" (Génesis 3:15). El que habría de venir, ya iba a llegar (Hebreos 10:37). Acorde a nuestra idiosincrasia moderna, excepto el anuncio de un salvador, no hay nada que llame la atención en esta profecía, porque en nuestros días la paternidad y la maternidad están al mismo nivel en la procreación de los hijos, pero para las sociedades patriarcales de aquella época, donde la descendencia familiar se contaba siguiendo la línea paterna, este enunciado de la simiente de la mujer, lo convertía en algo inusual. El propósito era marcar la diferencia del que sería el postrer Adán. El primer Adán vino del polvo y al polvo regresó, donde desapareció. El postrer Adán vendría de Dios, y a Dios regresaría, donde permanece para siempre. Nadie subió al cielo, sino el que descendió del cielo (Juan 3:13). El primer Adán ofendió a Dios, en el postrer Adán tenemos la oportunidad de pedir perdón. El primer Adán introdujo el pecado en la humanidad, el postrer Adán saca el pecado del hombre. Fue hecho el primer hombre Adán alma viviente, el postrer Adán espíritu vivificante (1 Corintios 15:45). El plan de salvación venía conformándose desde el momento que se cometió el primer pecado, y se cumplió en el sacrificio suficiente y eterno del postrer Adán. "Y en ningún otro hay salvación; porque no hay otro nombre bajo el cielo, dado a los hombres, en que podamos ser salvos" (Hechos 4:12). Hasta ahora, la ley de Moisés, establecida sobre principios espirituales (Romanos 7:14) para mantener la identidad y unidad nacional del pueblo hebreo, había permanecido a nivel intelectual, para conocerla y aplicarla, pero la habían convertido en algo opcional con respecto a la obediencia, dejando de lado el pacto establecido con Jehová en el Monte Sinaí. Esta vez sería diferente, la ley de Dios entraría en la mente y quedaría escrita en nuestros corazones, para poder ser realmente su pueblo y Él ser verdaderamente nuestro Dios (Jeremías 31: 33). Obviamente, no podría ser otro hombre proveniente de la reproducción humana como resultado de la cópula entre un hombre y una mujer, porque de esta forma sería una persona contaminada con la herencia pecaminosa y todo continuaría igual. Lograr esto demandaba volver a crear un ser humano, como fue creado Adán, con un ADN limpio del defecto del pecado.

Dios no es repetitivo, sino creativo, por tanto, no volvería a crear otro hombre del polvo de la tierra. Ahora sería algo mucho más auténtico, más directo de Dios, involucrándolo directamente a Él, al encarnarse en forma de hombre, pero sin pecado, viviendo entre pecadores, pero sin pecar, para que los hombres pecadores pudieran vivir como hombres santos. La suprema humillación y a la vez, la sublime exaltación (Filipenses 2:5-11)

## El milagro

Durante esta época, seguros podemos estar, en Jerusalén habitaban muchas mujeres jóvenes y vírgenes, consagradas a Jehová, con condiciones espirituales suficientes para ser escogidas y ser parte del definitivo plan de salvación de Dios para la humanidad, pero sólo una podría ser seleccionada, porque únicamente habría un Mesías. La Biblia dice: "Y entrando el ángel en donde ella estaba, dijo: ¡Salve, muy favorecida! El Señor es contigo; bendita tú entre las mujeres" (Lucas 1:28). Merece especial atención la expresión que el ángel utilizó al dirigirse a María: bendita tú "entre" las mujeres, no, sobre las mujeres. María no era mejor que las demás, ni estaba por encima de ellas, tampoco se implica que, como resultado de ser escogida para esta misión única, debía ser considerada superior o digna de alguna adoración especial. Ella continuaría siendo una mujer igual a las otras, pero con una tarea diferente.

Todavía no salía de su asombro, y el ángel continuó anunciándole que concebiría en su vientre y tendría un hijo que se llamaría Jesús, el cual iba a ser grande, llamado Hijo del Altísimo y le sería dado el trono de David su padre, y reinaría sobre la casa de Jacob para siempre (Lucas 1:30-33). Mas asombrada aun, "María respondió: ¿Cómo será esto? Pues no conozco varón. El ángel le respondió: El Espíritu Santo vendrá sobre ti, y el poder del Altísimo te cubrirá con su sombra; por lo cual también el Santo Ser que nacerá, será llamado Hijo de Dios". Esto es una imagen común ante los milagros espirituales, estamos tan preocupados, como María, en ¿cómo sucederá esto?, que no nos enfocamos en "quién" lo va a hacer. Una situación similar la encontramos en Hechos 12:4-16, cuando el apóstol Pedro fue encarcelado por su predicación del evangelio, y la Iglesia hacía sin cesar oración a Dios por él. En respuesta a esta oración ferviente de la Iglesia un ángel del Señor se presentó y despertó a Pedro para sacarlo de la cárcel. En ese momento se le cayeron las cadenas de las manos y el ángel iba delante y él le seguía pensando que era una visión. Así pasaron los guardias y se abrió la puerta de salida para llegar a la calle, y entonces el ángel lo dejó. Pedro se dirigió a la casa donde estaban los hermanos orando por su liberación y cuando llamó a la puerta, pensaban que era su ángel, una referencia a que había muerto. Tuvo que insistir para que le abrieran, y cuando lo vieron, se quedaron atónitos. ¿Si estaban orando a Dios para que liberara a Pedro, por qué cuando fue liberado no lo podían creer? Oramos a Dios constantemente por las diversas dificultades que se presentan y cuando Dios responde nuestras oraciones, a menudo nos resistimos a creerlo, o le damos una respuesta humana.

El milagro del embarazo de María consistió en el acto de la concepción, donde no intervino hombre, sino el Espíritu Santo y el poder del Altísimo. Después de la concepción milagrosa virginal, los nueve meses de gestación transcurrieron de manera natural, posiblemente con los malestares propios del proceso y el parto, que también fue virginal, pues ella "no conocía varón", sucedió igual que todos, con pujos y dolores, y como es lógico, durante el parto perdió la virginidad. Este evento, único en la historia, de la unión del Espíritu Santo y la carne humana en el óvulo de María, se conoce teológicamente como "la unión hipostática". Es en Jesús donde por primera vez cohabitó internamente en una persona el Espíritu Santo junto con la carne.

Durante el Antiguo Testamento, el Espíritu de Jehová nunca ministró como el Espíritu Santo. En esta etapa, Dios enviaba su Espíritu sobre siervos escogidos para capacitarlos, guiarlos y fortalecerlos de manera tal que fueran capaces de realizar la tarea encomendada por Él, pero nunca habitó dentro de ellos para llenarlos, en la manera que lo hizo en Jesús y lo hace hoy con nosotros. Ninguno de los hombres del Antiguo Testamento disfrutó de la habitación y plenitud interior del Espíritu Santo en su vida, este es un privilegio exclusivo de los creyentes después del ministerio de Cristo. Los planes de Dios tienen una característica primordial mostrada a través de la Biblia, y es que todo está preparado con antelación. Los milagros de Dios no son acciones precipitadas de última hora para solucionar obstáculos inesperados. La Biblia declara que todo el proceso de la encarnación de Jesús como salvador del mundo estaba preparado y destinado desde antes de la fundación del mundo (Efesios 1:4; 1 Pedro 1:19,20). Dios se hizo hombre en Jesucristo en el momento exacto para cambiar la configuración espiritual de los seres humanos. El hecho del Dios Santo todo poderoso convertido en hombre es un concepto que siempre ha estado en discusión, y ha sido mal comprendido y tergiversado, creando mucha confusión, porque se ha interpretado que en Jesús viven dos personas diferentes dentro de un mismo individuo y no es así.

El primer hombre fue creado del polvo de la tierra, en otras palabras, creación personal a partir de la creación natural, y resultó fallido. Esta vez sería un hombre creado de la misma esencia y naturaleza divina, evitando cualquier intervención ajena a la santidad, porque, "el Santo Ser que nacerá, será llamado hijo de Dios". Para que Dios pudiera convertirse en cien por ciento hombre debía nacer de una mujer, pero al no intervenir factor masculino en su concepción, conservaba el cien por ciento divino, sin contaminación de herencia pecaminosa. De esta manera, Jesús era cien por ciento hombre y cien por ciento Dios, porque en él habitan armoniosamente las dos naturalezas formando una personalidad. Esta es la forma correcta de entender la humanidad y la divinidad de Jesús, dos naturalezas unidas en una personalidad. La ilustración precisa somos nosotros. Nadie es cincuenta por ciento de su padre y cincuenta por ciento de su madre, sino que nuestro ADN se compone del cien por ciento de los factores hereditarios de nuestro padre y el cien por ciento de los factores hereditarios de nuestra madre, dando lugar no a un doscientos por ciento, sino al cien por ciento de nuestra única individualidad.

La carnalidad de Adán quedó manifestada al presentarse la primera tentación. Ahora era necesario tentar a Jesús para demostrar al mundo que Él era incapaz de pecar, debido a su naturaleza divina. Jesús estaba llamado a guiar y enseñar con el ejemplo. Cuando Juan el Bautista comenzó su ministerio, bautizando al pueblo en el río Jordán para el perdón de pecados, Jesús fue a él para ser bautizado, y aunque Juan se oponía, Él insistió diciendo: "Deja ahora, porque así conviene que cumplamos toda justicia" (Mateo 3:13-17). Estaba dando un ejemplo de humildad y obediencia, que hay un orden que mantener y reglas que seguir, y cuando lo hacemos así, el Espíritu Santo viene a vivir en nosotros de forma notoria, para que podamos resistir las tentaciones que de seguro vendrán. Acto seguido de su bautismo y unción, "Jesús fue llevado por el Espíritu al desierto, para ser tentado por el diablo" (Mateo 4:1). Las tentaciones son permitidas como pruebas y ejercicios de crecimiento espiritual. Si Dios permitió que su hijo fuera tentado, ¿por qué no podemos ser tentados nosotros?

Después de cuarenta días de ayuno y oración en el desierto,

apareció Satanás para tentar a Jesús en las mismas áreas con que había logrado engañar a Eva: los deseos de la carne, los deseos de los ojos y la vanagloria de la vida. Satanás dijo a Eva: "...el día que comáis de él (los deseos de la carne), serán abiertos vuestros ojos (los deseos de los ojos), y seréis como Dios, sabiendo el bien y el mal (la vanagloria de la vida)" (Génesis 3:5). Eva se dejó involucrar en la madeja diabólica y cayó en la trampa porque confió en sí misma. Con Jesús sucedió completamente diferente. Satanás le dijo: Si eres Hijo de Dios, di que estas piedras se conviertan en pan (los deseos de la carne); continuó con: Si eres Hijo de Dios, échate abajo; porque escrito está: A sus ángeles mandara acerca de ti, y, en sus manos te sostendrán, para que no tropiece con tu pie en piedra (la vanagloria de la vida) y para terminar, lo llevó al pináculo del templo y le mostró todos los reinos del mundo y la gloria de ellos y le dijo: Todo esto te daré, si postrado me adorares (el deseo de los ojos) (Mateo 4:3-10). Jesús sometió la naturaleza humana al poder de la divinidad y rechazó el ataque satánico defendiendo la santidad usando la Palabra de Dios.

Jesús nos enseñó que refugiados en las instrucciones de Dios venceremos las tentaciones del diablo (Lucas 4:1-13), porque la victoria total sobre Satanás es la santidad. Después que Jesús derrotó la tentación fue que comenzó su ministerio. Para trabajar en la obra de Dios, primero hay que bautizarse en el arrepentimiento para perdón de los pecados, ser ungidos por el Espíritu y demostrar esa unción resistiendo las tentaciones y venciendo las pruebas. Bienaventurado el varón que soporta la tentación; porque cuando haya resistido la prueba, recibirá la corona de vida, que Dios ha prometido a los que le aman (Santiago 1:12).

Pero sabemos que no podemos ser como Él, porque somos pecadores (Romanos 3:10) y Jesús nunca conoció pecado (2 Corintios 5:21). El apóstol Santiago nos dice que: "Porque cualquiera que guardare toda la ley, pero ofendiere en un punto, se hace culpable de todos" (Santiago 2:10). Esto significa que el cristianismo es un examen de cien puntos, y el único aprobado posible es obtener esos cien puntos. Entonces, ¿qué podemos hacer? Porque el nivel de espiritualidad requerido para pasar el examen es humanamente imposible de alcanzar. Dependemos de la bondad del maestro. Los puntos que puedan faltarnos, él puede otorgárnoslos basado en nuestro esfuerzo y sacrificio tratando de alcanzar el puntaje mayor posible. Así funciona la Gracia de Dios. Estamos separados de Él a causa del pecado, y nada podemos hacer para solucionarlo, únicamente consagrarnos a Jesús para que nos otorgue el perdón y la santidad necesaria para aprobar el examen de la salvación.

## El regreso a Dios

En la vida física, regresar es volver a una posición anterior ubicada en algún lugar o momento del pasado, pero en la fe cristiana (vida espiritual), regresar a Dios es avanzar al futuro que preparó Jesús. Usualmente, los regresos comienzan en el lugar donde estamos, pero el regreso a Dios comienza en la cruz del Calvario y termina en la presencia de Dios. Percatarnos que la posición en que nos encontramos no provee los requerimientos necesarios para realizarnos como individuos por déficit de espiritualidad, conlleva a una búsqueda de mejores locaciones para establecernos buscando un objetivo específico: descifrar la interioridad fallida que nos agobia. El único lugar donde podemos hallar las respuestas que nuestra realidad necesita, es en Jesús, el modelo perfecto de ser humano. Todo lo que queremos ser lo es Jesús, por eso, ser cómo El es la mejor manera de ser nosotros. La primera identidad humana fue Adán, pero en él perdimos la santidad y fuimos separados de Dios. Ahora, nuestra verdadera identidad solo podemos recuperarla en Jesús.

Pero debemos darnos cuenta que Jesucristo no se encuentra en el pasado, sino a partir del presente y extendiéndose hasta la vida eterna. Antes de entregarnos a Jesús, vivíamos en un estado de degeneración espiritual a causa del pecado que corroe y destruye nuestra relación con Dios. A partir del instante maravilloso que lo aceptamos como Señor y Salvador personal, el Espíritu Santo comienza el proceso de la regeneración, que solo Dios es capaz de realizar, porque, en el plano natural, cuando algo se degenera y pierde sus propiedades físicas y orgánicas, hasta el día de hoy, no existe un sistema o método para devolverle las características que poseía anteriormente. La regeneración es un milagro operado en el creyente por la fe en Jesús y el poder del Espíritu Santo. Dios es el único que puede convertir lo malo en bueno y lo podrido en nuevo. Ese es el motivo por el cual la regeneración espiritual no es opcional, es la única opción. A medida que abandonamos lo que desagrada a Dios en nuestra vida, los espacios vacíos son ocupados por la santidad.

Los procesos, de cualquier índole que estos sean, tienen un orden específico establecido para lograr su objetivo de la manera más efectiva posible. La regeneración está dirigida a crear una nueva naturaleza que reinstaure la santidad perdida, logrando la reconstrucción de la estructura espiritual del ser humano, limpiándolas de contaminación de pecado, para restaurarla a su condición original, como Dios la creó. Esta restauración sucede renunciando al pasado, entregándonos a un presente de fe y obediencia y apropiándonos del futuro en seguridad de salvación y vida eterna.

El primer paso de este proceso de acercamiento a Dios es el arrepentimiento. Arrepentirnos no es sentir remordimientos por lo que hemos hecho, es rechazar y repudiar el pecado que nos separa y daña nuestra relación con Él. Cuando nos arrepentimos, le pedimos perdón a Dios, y este acto conmuta la pena que merecemos sufrir y cumplir por nuestros pecados, recibiendo el perdón al atribuírsenos el sacrificio de Jesús en la cruz como cumplimiento de nuestra condena para ser liberados. Este es el efecto de la redención. Debemos diferenciar entre redención y rescate para apreciar el valor y la dimensión del sacrificio de Jesús. Cuando una persona es tomada cautiva y para liberarla organizamos un comando especial y mediante una acción armada la sacamos del cautiverio, es un rescate; pero cuando utilizamos un mediador para establecer un precio por la liberación del cautivo y pagamos ese precio para liberarlo, es redención. Eso fue lo que hizo Jesús, pagó el precio por nuestra liberación del poder del pecado donde estábamos cautivos. Jesús nos redimió, Él es nuestro redentor.

Después de arrepentirnos por la fe en el sacrificio eterno y suficiente en la cruz del Calvario y haber sido perdonados, por lo cual no sufriremos el castigo que merecemos, aun seguimos siendo culpables. Por tanto, tiene que suceder algo más para quedar absueltos, y es cuando se requiere la justificación, para exonerarnos de culpa. Dios entiende que nuestra inclinación innata a la desobediencia es debido a la herencia pecaminosa derivada de Adán y que ningún ser humano ha tenido la opción de escoger su naturaleza espiritual al nacer. Quiere decir que no escogimos ser pecadores, heredamos el pecado, y nadie es culpable de lo que hereda. Por eso Dios nos justifica, adjudicando la culpa de nuestros pecados sobre el que realmente los causó, Satanás. Dice la Biblia: "Si vuestros pecados fueren como la grana, como la nieve serán emblanquecidos; si fueren rojos como el carmesí, vendrán a ser como blanca lana" (Isaías 1:18).

A continuación del arrepentimiento, el perdón y la justificación, estamos listos para el nuevo nacimiento, la adopción y la santidad. El nuevo nacimiento nos introduce en una dimensión espiritual sobrenatural, que transforma nuestra condición humana natural en una nueva vida, debido al cambio de objetivos que comenzamos a perseguir para agradar y honrar a Dios. La consolidación de esta nueva vida nos establece en posición de ser adoptados como hijos de Dios. Debemos resaltar algunos detalles relacionados con la adopción. Primero, Dios no necesita adoptarnos porque Él ya tiene un hijo. Segundo, cuando alguien va a adoptar un hijo busca niños con buen historial, lo cual no tenemos ninguno de nosotros. Tercero, ¿por qué Dios no adoptó ángeles obedientes en lugar de hombres desobedientes? Esta pregunta nos muestra el inmenso privilegio que tenemos de ser hechos hijos de Dios por adopción, y por tanto, hermanos de Jesucristo. La hermandad con Jesús es espiritual y sanguínea. Espiritual por la fe, sanguínea por la sangre derramada en la cruz. Y cuarto, los hijos adoptados tienen los mismos derechos legales que los hijos naturales, eso nos convierte en herederos junto con Cristo a los derechos de la salvación del trono de la Gracia. Ser adoptados nos coloca bajo la autoridad (su Palabra) y protección (Poder del Espíritu Santo) de Dios. Autoridad y protección trabajan en conjunto, al obedecer la autoridad de Dios, se activa la protección espiritual. No existe obra más grande y maravillosa que la que Dios ha hecho por la humanidad. Si de alguna manera en palabras humanas quisiera describirlo, diría: la capacidad creativa interminable de Dios. A cada paso nueva conexión, transmisión y conclusión.

Todos los hijos necesitan de un padre que los guíe y proteja, y nuestro nuevo Padre celestial cubre y asegura todas las esferas de nuestras actividades. Nosotros, después de tanto tiempo cautivos del pecado, cuando somos liberados por Jesús, no tenemos ni sabemos dónde ir, así que Dios nos ofrece su casa (la Iglesia), para ser acogidos en una familia donde nos guíen y capaciten a comenzar la nueva vida. Es maravillosa la relación establecida con la divinidad a través de esta paternidad. Dios el Hijo nos conduce a conocer al Dios Padre, para que Dios el Espíritu Santo habite en nosotros y nos eleve al rango de hijos de Dios junto con Jesús.

Jesús dijo: "No temáis, manada pequeña, porque a vuestro Padre le ha placido daros el reino" (Lucas 12:32). La sociedad humana se rige por sus instituciones, pero los destinos eternos los controla Dios, y eso incluye el sistema mundial. Dios sabía que las estrategias satánicas con sus falsas religiones, el ateísmo o el liberalismo iban a apartar de la verdad a la mayoría de las personas, y que los que seguiríamos su Palabra siempre seríamos pocos, pero Él nos asegura que eso no significa que seamos menos, porque Él y nosotros, hacemos mayoría. El mundo nos alucina con casas, carros y dinero que nos esclavizan y no duran para siempre, pero Dios, con todo placer y alegría, nos otorga un Reino que libera eternamente. La nueva adopción que ahora disfrutamos nos hace herederos del tesoro mayor, el Reino de Dios en los cielos.

Para disfrutar de todos los beneficios de la paternidad y herencia divina debemos cumplir con los deberes de hijos consagrados y obedientes, y ese comportamiento ejemplar requerido delante de Dios se llama santidad. Nadie puede ser perfecto, pero sí podemos ser lo humanamente mejor posible para alcanzar un nivel espiritual de excelencia. Sí se puede vivir en santidad, sencillamente, apartémonos del pecado que desagrada y nos separa de Dios. Ser santo no es convertirse en el hombre invisible o volar como los fantasmas en las películas, ser santo es actuar en completa obediencia a la Palabra de Dios y totalmente sujeto a la autoridad del Espíritu Santo. La santidad es necesario recuperarla porque fue la condición inicial en que Dios creó a Adán, y debido a su desobediencia la perdió y fue echado fuera del jardín. Por tanto, para regresar a la presencia de Dios debemos apropiarnos por obediencia de la santidad perdida. Ser santo es una demanda divina, "Sed santos, porque yo soy santo" (1 Pedro 1:16). La santidad no es un concepto abstracto inaplicable a la vida de fe diaria. Por lo contrario, es muy útil y real en el crecimiento y desarrollo espiritual del creyente. La esencia de la manifestación del pecado es una mala actitud, una condición maligna del corazón que conduce a desobedecer a Dios. Debido a esto, nos parece que el pecado no es tan perjudicial, sino algo leve que no molesta, pero al confrontarlo con la santidad, identificamos la procedencia demoniaca en la naturaleza y procedencia de dichas acciones y somos capaces de rechazarlas.

El hecho de ser santos no es una categoría esotérica que se adquiere después de la muerte, es una cualidad espiritual que nos transforma en clase única durante la vida, hijos de Dios. Desde el momento de la consagración de vida a Jesucristo como nuestro salvador, comenzamos a actuar bíblicamente en todas las circunstancias y momentos que vivimos, y esa diferencia marca nuestra vida con relación a los hombres y nos separa delante de Dios. Además, como ley central del evangelio, la santidad hace responsable a todo ser humano delante del juicio divino, porque ser santo no es solamente un aspecto de lo que debemos ser, sino todo lo que tenemos que ser.

## La santidad traída desde el cielo hasta la tierra

En Isaías 6:1-3 el profeta narra su experiencia visual del Señor (Jesús, según Juan 12:39-41) sentado en su trono alto (porque es superior) y sublime (porque es excelso), rodeado de serafines, ángeles destinados a la exaltación y adoración de Dios, y uno de ellos gritaba a otro, "Santo, santo, santo, Jehová de los ejércitos; toda la tierra está llena de su gloria". La triple mención de la palabra santo sirve de afirmación, confirmación y ratificación de la inigualable santidad de Dios, además de una referencia a la Santísima Trinidad, Santo Padre, Santo Hijo y Santo Espíritu. La Biblia declara que Jesús es "el resplandor de su gloria, y la imagen misma de su sustancia" (Hebreos 1:3), así que, podemos asegurar que la gloria de Jehová de los ejércitos, que llena y cubre toda la tierra, es Jesús. La visión de las cuatro bestias del profeta Daniel lo confirma: "Y he aquí con las nubes del cielo venía uno como un hijo de hombre (Jesús), que vino hasta el Anciano de días, y le hicieron acercarse delante de él. Y le fue dado dominio, gloria y reino…" (Daniel 7:13,14). También el apóstol Juan, en su evangelio, lo expresa de esta manera: "Nadie subió al cielo, sino el que descendió del cielo, el Hijo del Hombre, que está en el cielo" (Juan 3:13). Jesús es la cualidad y calidad divina de santo, santo, santo, que la ofrece a la humanidad en el derramamiento de su sangre en la cruz del Calvario para limpiar los pecados del hombre, y la extiende desde el cielo hasta la faz de la tierra y dentro del cuerpo humano, convirtiéndose en el promulgador, propiciador y consumador de la santidad.

El reencuentro con Dios es la recuperación de la santidad por adjudicación de los beneficios que recibimos en la conversión. La santidad es una herramienta que viene incluida en el paquete de la salvación, es un instrumento de aplicación de propiedades divinas, mediante un hecho que Dios hace suceder al ubicarnos en Jesús. "Mas por EL estáis vosotros en Cristo Jesús, el cual nos ha sido hecho por Dios sabiduría, justificación, santificación y redención" (1 Corintios 1:30). Este versículo narra un evento que ya sucedió en la voluntad de Dios, y eso, nadie lo puede alterar. Ya hemos sido colocados en Cristo Jesús. Estamos ahí, pertenecemos a Él, por tanto, somos acreedores de la sabiduría, la justificación, santificación y redención de Dios gracias a Cristo Jesús, que trasladó del cielo hacia nosotros todas las ventajas destinadas para asistirnos en el camino de redención.

En la dimensión divina, la santidad es una propiedad intrínseca de Dios. Él es santo en esencia, existencia y transcendencia. En el contexto humano, la santidad es una característica de Jesús (Dios en la carne), que debemos incluir en la vida para perfeccionar nuestra naturaleza, y funciona como inversor del balance entre las obras de la carne y el Fruto del Espíritu. La balanza espiritual del ser humano en su estado natural se manifiesta con el brazo de las obras de la carne dominando nuestra vida. El objetivo del arrepentimiento, perdón, justificación, adopción, regeneración y santidad no es alcanzar un balance entre las obras de la carne y el Fruto del Espíritu, porque los balances se rompen fácilmente con la menor de las alteraciones. El fin es lograr invertir la inclinación de los brazos de la balanza totalmente hacia el lado del Fruto del Espíritu, de manera tal que esta nueva correlación de fuerzas entre la personalidad carnal y el carácter espiritual no puedan ser revertidos por ninguna razón.

# CAPÍTULO 7

# EL CICLO DE LA SANTIDAD

El ciclo de la santidad se resume de esta manera:

1. Dios es santo, santo, santo, siempre lo ha sido y siempre lo será. Él es la fuente, el ejemplo y el cumplimiento de la santidad.
2. Adán tenía santidad por creación, pero la perdió.
3. Jesús tenía santidad por concepción, y nunca la perdió.
4. El hombre adquiere santidad por conversión, y puede conservarla o perderla.

Siempre que hablemos de santidad hay que comenzar en Dios, porque Él es el proveedor y sostenedor de la santidad. Dios es santo, santo, santo y su santidad permanece por derecho propio para siempre. La creación de Dios, original y natural es totalmente santa, en sustancia y forma (Génesis 1:31). El diseño del universo fue conformado para funcionar sincronizado con Dios, y esto incluía la raza humana, que fue bendecida para fructificar y multiplicarse sobre la tierra y ser capaz de sojuzgarla (Génesis 1:28). Todo lo que hace Dios es santo porque procede de su santidad y sucede en su tiempo eterno que siempre es "en el principio" (Génesis 1:1). Lo natural se puede expresar como la función y resultado para lo cual algo ha sido hecho. Dios creó todo cuanto existe para funcionar en armonía con el plan prestablecido en su voluntad, siguiendo sus directivas, y procurando la plena realización de sus propósitos dentro de un ambiente puro de santificación, por tanto, los resultados debían ser de obediencia y armonía, pero no sucedió así, la creación se salió de su curso debido a la desobediencia de Adán y Eva. A pesar de esto, Dios le permitió al hombre hacer todo lo que estaba planeado desde antes del principio. Esto significa que, aunque Adán no hubiera desobedecido, el mundo sería igual de desarrollado como lo es hoy, pero sin maldad, envidias, violencia, odio y guerras. En cambio, serían el amor, la paz y la concordia las que reinarían entre los hombres y las naciones, y por supuesto, nos hubiéramos evitado muchos disgustos.

Ya mencionamos al inicio que Adán disfrutaba santidad por creación, porque fue hecho del polvo de la tierra por las manos de Dios, que son santas, y le fue insuflado espíritu de vida proveniente de Dios que es santo, santo, santo (Génesis 2:7). El destino del hombre, que es nuestro pasado, presente y futuro, pudo ser maravilloso, espléndido y confortable, pero a causa de la pérdida de la santidad y con ella la relación con Dios, morimos espiritualmente al ser colocados fuera de su presencia. Desde ese fatídico momento se hizo necesario recuperar la santidad para vivificarnos y regresar a nuestra posición delante de Él.

Dios siempre ha estado activo en su deseo de restablecer la comunicación con el hombre. Ha mantenido esa posibilidad abierta todo el tiempo, ofreciendo a través de muchos hombres, en las diferentes etapas de la historia, la oportunidad de recuperar la santidad regresando a la obediencia de sus mandamientos. Fueron muchos los hombres que Dios levantó desde Noé hasta Malaquías, pero a pesar de sus esfuerzos, fue imposible lograrlo debido a la condición humana caída. Todos los hombres fallaron por su herencia pecaminosa. Era necesario hacer algo capaz de operar un cambio interno, que transformara las raíces espirituales humanas para producir frutos de santidad que se reflejaran en la conducta externa. Entonces, vino Jesús.

Jesús, Dios hecho hombre, limpio de todo pecado, sin culpa ni condenación, poseía santidad por concepción, o lo que es lo mismo, fue concebido santo. El embarazo de María es de origen divino, sin intervención masculina alguna, para romper la condenación causada por la contaminación del ADN humano con la transgresión del primer hombre creado, Adán. En la actualidad, los adelantos de la ciencia permiten tomar una semilla vegetal e inocularle sustancias provenientes de fuentes externas que alteran su genética natural, logrando un fruto con características diferentes de lo esperado. Eso mismo sucedió con Adán, el primer hombre sobre la tierra, la semilla de la humanidad se contaminó con la fuente externa de la desobediencia, inoculada en él por la serpiente mediante engaños, trayendo como resultado el cambio de la naturaleza espiritual humana de santa a pecaminosa. Esa nueva naturaleza alterada por el pecado se ha heredado de generación en generación hasta nuestros días a causa de los genes contaminados, pero eso no sucedió con Jesús, porque los genes que Él adquirió en su concepción milagrosa en el óvulo de María son divinos, inoculados por el Espíritu Santo y el Poder del altísimo (Lucas 1:35). En Jesucristo habita en toda su plenitud y esplendor la santidad perfecta de Dios. El nunca mintió, odió, ofendió, agredió y muchísimo menos desobedeció a Dios, sino como dice la Biblia: "haciéndose obediente hasta la muerte, y muerte de cruz" (Filipenses 2:8). Jesús, por ningún motivo, ni en ninguna circunstancia, perdió la santidad que abundaba en su vida desde la concepción milagrosa. Jesús vino de la santidad, la poseyó, la mostró, la conservó y la regresó intacta e inmaculada a donde pertenece, al Trono de la Gracia, donde está sentado a la diestra del Padre en majestad.

En cambio, los seres humanos tenemos que vencer una de las mayores dificultades que se puedan concebir, eliminar el pecado innato que nos inclina instintivamente a desviarnos de los caminos de Dios. No existe nada que podamos hacer para evitar esta realidad.

Pero pudo no haber sido así. Si Adán y Eva no hubieran pecado, Dios hubiera seguido trabajando con nosotros al mismo nivel de comunicación y dirección que tenía con ellos en el Jardín. No hubiera hecho falta la encarnación de Jesús, ni su muerte en la cruz, ni el ministerio del Espíritu Santo como lo conocemos hoy.

Una de las principales semejanzas del hombre con Dios está relacionada con la trinidad. Dios es uno, integrado por tres caracteres personales de la misma esencia y con la misma autoridad, pero con diferentes manifestaciones y actuaciones, Dios el Padre, creador y formador, Dios el Hijo, redentor y salvador, Dios el Espíritu, revelador y guiador. El hombre es tricótomo, porque está compuesto por tres niveles de conciencia: la conciencia de sí mismo (el alma), la conciencia del mundo (el cuerpo) y la conciencia de Dios (el espíritu) (1 Tesalonicenses 5:23; Hebreos 4:12). Esta semejanza hace que de manera subconsciente tengamos instaurada la idea de que existe algo superior. Esa es la explicación de que, aún en las civilizaciones más antiguas conocidas en todas las latitudes del planeta, sin ningún conocimiento bíblico, siempre se encuentra algún tipo de rito de adoración a un ser elevado que rige los destinos del mundo.

La transgresión de Adán significó renunciar a la protección espiritual de Dios para comenzar a regirnos por nuestros criterios. Las consecuencias instantáneas fueron muerte espiritual y comienzo de la vida carnal a nuestras expensas y provocó el descalabro total de la raza humana. Dios intervino en ese mismo momento con el primer sermón evangélico conocido, diciendo: "Y pondré enemistad entre ti y la mujer, y entre tu simiente y la simiente suya; esta te herirá en la cabeza, y tú le herirás en el calcañar" (Génesis 3:15). Hasta este momento había amistad entre Eva y la serpiente y esa relación propició que se consumara el pecado, pero a partir de ahí Dios estableció enemistad entre ellas para colocar un parámetro protector entre la humanidad y Satanás hasta que llegara la simiente de la mujer (Jesús), para poner la simiente de la serpiente donde pertenece, debajo de sus pies.

La primera conclusión de saberlo todo, "...seréis como Dios, sabiendo el bien y el mal" (Génesis 3:5) fue percatarse que habían cometido un error, y se escondieron de Dios. Antes de obedecer a la serpiente, Adán y Eva conocían sólo el bien, lo bueno y lo seguro, pero después de caer en la trampa diabólica conocieron el mal, las vicisitudes y contratiempos del mundo y fueron sacados del huerto. La expulsión siempre es caída y condenación y los condenados necesitan ser defendidos y salvados. Esa salvación únicamente puede ser efectuada por alguien que reúna dos condiciones específicas requeridas para salvar. Primero, que tenga poder para ello y segundo, la voluntad de hacerlo, porque puede haber alguien con poder para salvar, pero sin voluntad de hacerlo, u otro que quiera hacerlo, pero no tiene el poder para ello. Aquí radica el principio de la adoración a Dios, que envió a la tierra al único ser posible con poder y voluntad para salvarnos de la muerte espiritual, a Jesús de Nazaret, Jesucristo, el Mesías, el Hijo de Dios, lo mismo que Dios, el mismo Dios (Efesios 2:1-7). Jesucristo es el único método existente de recuperar la santidad para restablecer la relación con Dios y alcanzar salvación y vida eterna (Hechos 4:12).

La revelación de Dios es progresiva, no inmediata. Primero enseñó la fe (Abraham), después mostró el pecado (la Ley), a continuación, llamó al pueblo escogido al arrepentimiento (los profetas) y la obediencia (santidad), y finalmente reveló la salvación (Jesucristo). Después de completado el plan de salvación de Dios por Jesús en la cruz, ya no se aceptan términos medios con relación a la santidad y la salvación. O eres santo o no eres santo, vives en santidad o no vives en santidad, no se puede ser cincuenta por ciento santo y el otro cincuenta por ciento vivirlo complaciendo los deseos de la carne y el mundo. El proceso para lograr esto es aceptar a Jesucristo como Señor y Salvador personal. La santidad que adquirimos por la obediencia a la Palabra de Dios siguiendo las enseñanzas de Jesús, debemos alimentarla con oración, ayuno y adoración, y cuidarla con testimonio de vida acorde a las demandas del evangelio. No es suficiente llegar a Jesús, hay que seguir sujetos de su mano hasta nuestra partida o su regreso. La santidad que provee salvación no es un regalo, es una recompensa a nuestra fidelidad a Dios y nos devuelve la característica espiritual que Dios requiere para restablecer su relación personal con el género humano. Esta santidad adquirida es el regalo más preciado de Dios porque de ella depende nuestra morada eterna, y debemos hacer todos los esfuerzos posibles por conservarla.

La santidad no solo exige, también otorga. Según el Apóstol Pedro, Dios provee todo lo necesario para vivir en santidad llamándonos:

1. De las tinieblas a la luz (1 Pedro 2:9).
2. A seguir el camino de obediencia de Cristo (1 Pedro 2:21).
3. A bendecir en lugar de maldecir (1 Pedro 3:9).
4. A su gloria eterna por obediencia (1 Pedro 5:10).

Pero también nos ha prometido que al vivir en santidad disfrutaremos de:

1. Libertad sobre el poder del pecado (Romanos 6:14).
2. Gracia suficiente (2 Corintios 12:9).
3. Poder para perseverar (Filipenses 4:13).
4. Victoria sobre el enemigo (Santiago 4:7).

Y muchas bendiciones más interminables de enumerar.

Santidad es satisfacción por el deber cumplido, gozo por agradar a Dios y regocijo por la esperanza inigualable de la dimensión espiritual que disfrutamos en la nueva vida con la presencia interior del Espíritu Santo. La inconcebible inmensidad divina entra en la magnitud física humana mediante la santidad. No podemos explicar como sucede, pero sabemos que está sucediendo. No comprendemos porque lo sentimos, pero estamos seguros que lo experimentamos. Mientras permanezcamos firmes en Jesús, la roca inconmovible, la piedra angular, estaremos seguros, mas si flaqueamos y caemos, pereceremos. No dudemos en la fe, no nos debilitemos en la oración, no retrocedamos en el ayuno. Continuemos en perseverancia y esfuerzo sabiendo que Dios está al final de la carrera con la bandera de meta, esperándonos con los brazos abiertos para entregarnos el galardón de la vida eterna.

# EPÍLOGO

*De Dios, Todo* no pretende cambiar el curso de la historia de la literatura cristiana, ni revelar secretos teológicos escondidos hasta hoy, solo intentamos mostrar un tema bíblico, la santidad y su desarrollo, desde el punto de vista ministerial por donde el Señor me ha guiado. Sería para mí el mayor de los regocijos si en la lectura de las páginas de este libro el lector encuentra alguna enseñanza, sabiduría o gozo que lo acerque más a Jesucristo, nuestro Señor y Salvador.

Printed in the United States
by Baker & Taylor Publisher Services